Petite histoire de la germanophobie

Georges Valance

Petite histoire
de la germanophobie

Flammarion

© Flammarion, 2013
ISBN : 978-2-0813-0184-9

À Anna,
Laure,
Raphaël

INTRODUCTION

J'avais entre trois et quatre ans lorsque, au printemps 1945, armé d'un fusil fait d'un morceau de bois et d'une ficelle, j'allais viser les prisonniers allemands que gardaient des soldats américains dans un grand hangar de bois : « Vous avez brûlé ma maison ! Vous avez pris mon papa ! Je vais vous tuer ! » hurlais-je. La Wehrmacht avait incendié le bourg de Corcieux, dans les Hautes-Vosges, où je vivais, et mon père était en déportation depuis plusieurs mois. Les GI riaient et m'offraient du chocolat. Les Allemands se lamentaient : « La guerre, grosse malheur ! »

Est-ce l'effet de cette expérience d'enfant ? Plus tard, je n'ai cessé de m'intéresser à nos voisins allemands. Lycéen, puis étudiant, je passais mes grandes vacances outre-Rhin : je m'inscrivais à l'*Arbeitsamt*, le Pôle emploi local, comme *Gastarbeiter*, immigré recherchant du travail. Ma syntaxe allemande convenable et mon accent improbable étaient tels qu'on me prenait rarement pour un Français, mais plutôt pour un Nordique, ou un Allemand réfugié de Roumanie ou d'ailleurs en Europe orientale. Ce qui me permettait d'avoir avec les jeunes gens de mon âge ou leurs

9

parents des conversations d'autant plus sincères qu'elles étaient libérées des conventions de l'époque et affranchies des règles de l'amitié obligatoire, fruit de l'idéologie de la réconciliation entre Français et Allemands. Manœuvre de dernière catégorie dans une usine de Darmstadt en 1961, j'ai vécu l'organisation du travail des ateliers allemands où le « chef de machine » se conduit comme un véritable patron qui, en contrepartie, forme ses inférieurs.

Plus tard, j'ai été journaliste et j'ai réalisé de nombreux reportages en Allemagne, sans me départir de cette franchise de propos. J'en revenais toujours plus convaincu que les Allemands mettaient en pratique dans leur cœur le précepte de Gambetta à propos de l'Alsace-Lorraine : « Y penser toujours et n'en parler jamais. » Qu'ils n'ont jamais considéré les Français comme leurs vainqueurs en 1945, même s'ils ont une réelle tendresse pour notre pays. Qu'ils redeviendraient la première puissance européenne qu'ils n'auraient jamais dû cesser d'être sans le suicide des deux guerres mondiales. Que les préjugés restent profondément enracinés des deux côtés du Rhin, même si les crimes nazis et la défaite ont conduit les Allemands à les exprimer avec plus de retenue.

À franchise, franchise et demie. Mes interlocuteurs m'ont souvent surpris par leur sincérité. Tel ce haut fonctionnaire du ministère des Affaires étrangères de Bonn à qui je demandai au printemps 1989 – le mur allait tomber sept mois plus tard – si, en cas de réunification, l'Allemagne demanderait une révision de la frontière Oder-Neisse avec la Pologne. Le dossier était plus que délicat pour un haut diplomate allemand. Il me répondit pourtant sans aucune gêne : « La frontière dans son ensemble, bien sûr que non. Mais nous pourrions demander des rectifications. Par exemple, sur la ville de Stettin qui a été donnée à la Pologne alors qu'elle est située sur la rive occidentale de l'Oder. » Ou ce grand banquier de Francfort que j'interrogeai en 1988, au sujet des conséquences d'une éventuelle réunification, sur le rapport des forces en Europe. Au lieu de s'indigner en me gratifiant d'un : « Voyons ! Ce n'est pas à l'ordre du jour, ou alors dans très, très longtemps », il me déclara avec une étonnante désinvolture : « La France, à la veille de la Première Guerre mondiale, pesait la moitié de l'Allemagne. Avec la réunification, elle reviendra à peu près à cette situation, voilà tout. »

Aujourd'hui, j'emmène régulièrement mes petits-enfants découvrir la modernité de Berlin, la sombre beauté de la Forêt-Noire, la folie des châteaux de Louis II de Bavière, le charme des bourgs de Poméranie épargnés par la guerre, la magie de la lande de Lüneburg (au sud-est de Hambourg), la convivialité des auberges de Rhénanie où l'on s'assied l'un à côté de l'autre au gré des arrivées. Parfois même, certains vous font l'honneur insigne de vous inviter à la table des notables ou des habitués, la *Stammtisch*, étymologiquement « la table de la tribu », sous des écriteaux taillés dans le bois annonçant « Table réservée aux pêcheurs, chasseurs, ramasseurs de champignons et autres menteurs ».

De ces multiples voyages à travers l'Allemagne, je retiens le plaisir, la fierté avec laquelle les habitants témoignaient de l'histoire franco-allemande en nous indiquant avec gourmandise des traces de la présence française. Près de Lübeck, un aubergiste nous a emmenés voir une borne qui, sous l'Empire napoléonien, marquait la frontière entre le dernier département français et la Prusse. Dans la région de Lüneburg, c'est la petite rivière qui servait de frontière avec l'Empire français que nous a montrée un jeune ingénieur en informatique. En Saxe, un cantonnier nous a indiqué la butte du haut de laquelle Napoléon avait dirigé la bataille de Bautzen les 20 et 21 mai 1813. Bataille victorieuse mais sans effet, puisqu'elle fut suivie cinq mois plus tard par le désastre de Leipzig. Dans le Mecklembourg, à l'extrême Nord de ce qui était l'Allemagne de l'Est, un hôtelier de la ville de Güstrow nous a raconté l'histoire de la pipe d'or offerte par les habitants au maréchal prussien Blücher le lendemain de la bataille de Waterloo.

Il est arrivé que l'accueil soit moins serein, surtout quand il était question de la dernière guerre. À l'image de ce retraité de Freudenstadt, dans la Forêt-Noire, qui nous dit avoir appris le français à l'école primaire au lendemain de la guerre, ajoutant sans regret apparent qu'il avait tout oublié. À la question : « C'était pendant l'occupation française ? », il répondit avec un sourire soudain sardonique : « L'occupation française ? Si vous voulez… » Il était clair que, dans son esprit, les Français n'appartenaient pas au clan des vainqueurs.

Voilà pourquoi j'ai toujours été fasciné par l'Allemagne, les Allemands et leur culture, mais aussi par le mystère de nos différences. Comment expliquer qu'à tous les âges je me sois senti à la fois si proche et si éloigné de mes interlocuteurs d'outre-Rhin, sûr qu'ils éprouvaient la même impression de leur côté ? Comment est-il possible que deux peuples issus du même Empire carolingien, qui se côtoient depuis si longtemps

– y compris sur les champs de bataille –, qui appartiennent à la civilisation occidentale, demeurent aussi radicalement antinomiques ? Pourquoi ces deux voisins sont-ils toujours aussi « étrangers » les uns aux autres ?

Il se passe entre Français et Allemands un étonnant phénomène qui n'a pas lieu, par exemple, entre Français et Américains ni entre Français et Anglais. Avec les peuples anglo-saxons, nos relations sont stabilisées, en bien comme en mal, fondées sur des convictions réciproques, des intérêts fondamentaux communs et des préjugés admis une fois pour toutes. Avec les Allemands, rien de tel, sauf pour les clichés, toujours si vivaces. En soi, les écarts entre les deux peuples n'ont rien d'alarmant. Ils participent du sentiment de dépaysement qui fait le bonheur des voyageurs et de la confrontation des cultures qui enrichit l'esprit. Le problème vient de la singularité des liens entre la France et l'Allemagne : engagés dans la même ambition européenne, les deux pays portent à bout de bras ce projet dont dépendent la prospérité du continent et la paix. L'équilibre est fragile : on sent confusément qu'il ne faudrait pas grand-chose pour que ces relations amicales se retournent. Étonnante France qui voit des hommes politiques, des intellectuels, des grands patrons prôner dans les journaux la fusion des deux pays en une grande « Françallemagne » et, dans le même temps, au printemps 2013, le président de l'Assemblée nationale réclamer une « confrontation » avec l'Allemagne. Certes, le quatrième personnage de l'État pensait à une confrontation politique, mais il est des mots qu'il vaut mieux proscrire, surtout lorsque leur charge historique est si lourde. Ils alimentent une méfiance réciproque qui pollue une amitié sans cesse réaffirmée et nourrissent la vague de germanophobie qui gagne une grande partie de l'Europe depuis quelques années.

L'objet de ce livre n'est pas, bien sûr, de flatter ce dangereux sentiment, jamais totalement absent du cœur des Français, de même que la francophobie n'a pas totalement disparu de celui des Allemands. Mais de l'analyser, d'en raconter l'histoire, de décrire l'antagonisme plus que millénaire des deux peuples. Car tout traitement efficace exige d'abord un diagnostic adéquat.

Chapitre premier

UNE PEUR ANCESTRALE

Bouvines, la bataille fondatrice

Dimanche 27 juillet 1214, entre dix heures du matin et le coucher du soleil. Dans la chaleur et la poussière d'un jour de moisson, près de cent mille chevaliers bardés de fer, arbalétriers et fantassins armés de piques, de pieux et de coutelas s'affrontaient sur le plateau de Bouvines. Aucun obstacle n'était là pour entraver le combat : ni haies, ni bosquets, ni maisons, ni fossés. C'était « un bel endroit pour se tuer » (« *dignus cede locus* »), écrira le chapelain Guillaume le Breton, témoin de la bataille et chroniqueur du roi de France Philippe Auguste.

Ce dernier faisait face à l'empereur germanique Othon IV et ses alliés flamands et anglais. La coalition, qui sera celle de Waterloo en 1815, était sûre de vaincre ce « petit roi » français, ce *regulus* – ainsi l'appelaient les juristes allemands, pour qui l'empire était investi d'une mission sacrée : régenter tous les royaumes de la chrétienté. La coalition était d'autant plus sûre d'elle que ses forces étaient trois fois plus nombreuses que celles du Capétien et que le plan d'Othon était

15

d'attaquer par surprise un dimanche, jour sacré. L'empereur, qui avait soigneusement organisé le dépeçage du royaume franc avec ses alliés, avait donné consigne de tuer Philippe Auguste au combat, et surtout de ne pas le faire prisonnier. Plus de roi, plus de royaume, plus de France. L'empire de Charlemagne renaîtrait.

Othon était venu régler le sort du Capétien et de son petit pays, magnifié par le faste impérial : casque d'or, armure et bouclier d'or (en vérité de bronze ou de fer dorés). Il était accompagné de sa garde saxonne et des quatre comtes palatins. Sa bannière le suivait, dressée sur un char tiré par quatre chevaux couverts de riches couvertures allemandes. « Il y avait dessus, rapporte la *Chronique de Flandre*, un aigle d'or de moult riche ouvrage, il avait les ailes étendues bien longues, et reluisait si fort qu'à peine le pouvait-on regarder. »

À midi en ce 27 juillet 1214, Othon crut avoir atteint son objectif : le roi de France était cerné par une forêt de piques brandies par des fantassins brabançons qui tentaient de l'agripper et de le désarçonner. Philippe se cramponnait, jusqu'au moment où son cheval perdit l'équilibre, trébucha et s'abattit. Le roi gisait à terre, son manteau bleu semé de fleurs de lys d'or traînait dans la poussière. Tout aurait été perdu si un groupe de chevaliers mené par Guillaume des Barres n'était venu à son secours et ne l'avait aidé à remonter à cheval. Soudain, Guillaume et ses compagnons se précipitèrent sur l'empereur. Un coup d'épée mal ajusté manqua Othon mais creva l'œil de son cheval qui, affolé de douleur, se cabra, pivota sur ses jarrets et emporta son cavalier vers l'arrière avant de s'écrouler, mort. Un chevalier allemand donna aussitôt son cheval à l'empereur, la chevauchée reprit et l'action se retourna. Cet arrêt de quelques secondes avait suffi pour que Guillaume rattrape le fuyard. Il allongea le bras, empoigna la nuque de l'empereur et tenta de le désarçonner lorsque son propre cheval s'effondra à son tour : un Allemand l'avait éventré d'un coup de poignard. Fou de terreur, Othon quitta le champ de bataille et disparut au galop jusqu'à Valenciennes.

« Nous ne reverrons plus sa face aujourd'hui », s'exclama Philippe Auguste ce soir-là. Il avait fait ramasser sur le plateau de Bouvines l'aigle brisé du Reich, dont il envoya les morceaux à Frédéric de Hohenstaufen, le célèbre Frédéric II, candidat soutenu par la France, y compris financièrement, à la couronne impériale. Pour la première fois dans l'histoire, la France intervenait directement dans les affaires du Reich « disposant même, comme arbitre, de la dignité impériale [1] ». La France venait de faire son entrée sur la scène de la politique internationale.

Rarement une bataille aura eu tant de poids dans l'histoire. Car la bataille de Bouvines décida de l'avenir de trois pays pour plusieurs siècles : l'Angleterre, qui prit le chemin de la réforme la menant à la monarchie constitutionnelle ; la France, qui prit, au contraire, celui de la monarchie absolue et de la domination continentale ; l'Allemagne, qui prit celui d'une guerre intestine qui culminera avec la guerre de Trente Ans au XVIIᵉ siècle.

En Angleterre, le roi Jean sans Terre, militairement et politiquement affaibli par sa propre défaite face au fils de Philippe Auguste et par celle de son allié, l'empereur Othon, fut confronté à une révolte de la noblesse

---

1. Georges Duby, *Le Dimanche de Bouvines*, Paris, Gallimard, 1973, p. 179.

appuyée par la bourgeoisie qui ouvrit les portes de Londres à l'armée des rebelles. Le 15 juin 1215, il fut contraint d'apposer son sceau à la *Magna Carta*, la grande charte qui plaçait la loi au-dessus du pouvoir personnel du roi, assurant à tous les Anglais des garanties judiciaires contre un pouvoir arbitraire.

En France, la victoire de Bouvines permit au roi d'affermir son autorité à l'intérieur, sur les féodaux, et à l'extérieur, sur les puissances européennes. Deux historiens, le Français Jacques Morizet et l'Allemand Horst Möller, ont ainsi pu écrire de concert : « La dynastie capétienne, étouffée dans les limites du Valois, n'a pu s'affirmer qu'en s'opposant au pouvoir tout-puissant de l'empire. Bouvines est, de ce point de vue, un symbole [1]. »

À l'époque déjà, la victoire de Bouvines ne fut pas seulement perçue comme celle d'un roi sur un autre, mais comme celle des Français sur les Allemands. Selon la *Chronique de Lautersberg*, elle avait même ridiculisé le nom allemand parmi les Gaules [2]. Guillaume le Breton, lui, donna à ses deux récits de Bouvines, l'un en prose, l'autre en vers latins, des accents chauvins qui en font les premiers exemples d'une littérature germanophobe qui aura de beaux jours devant elle. « Les Teutons sont réellement inférieurs aux Français et aucune comparaison n'est possible entre eux dans les exercices de Mars [...]. La violence allemande est dominée par la valeur française. » La « valeur », synonyme de courage, est opposée à la « violence », évidemment sauvage. Et le chapelain de Philippe Auguste

---

1. Jacques Morizet et Horst Möller, *Allemagne-France, lieux et mémoires d'une histoire commune*, Paris, Albin Michel, 1995, p. 9.
2. Georges Duby, *Le Dimanche de Bouvines, op. cit.*, p. 191.

attribuait un rôle mineur aux combattants anglais et flamands car il entendait faire de cette bataille le grand affrontement entre le royaume de France et l'Empire germanique, le combat fondateur de la conscience nationale française, de la fusion entre la monarchie victorieuse et la nation face à une menace extérieure.

Il illustrait la victoire de ce combat par le récit du retour triomphal de Philippe Auguste à Paris : « Qui pourrait dire ni décrire en parchemin les applaudissements joyeux, les hymnes de victoire, les innombrables danses de joie des populations [...], les chants des clercs, le carillon des cloches dans les églises ; les rues et les maisons des bonnes villes étaient tendues de courtine et d'étoffes de soie [...], tout le peuple haut et bas, hommes, femmes, vieux et jeunes accouraient à grandes compagnies aux passages et aux carrefours des chemins. »

Il faudra attendre le 11 novembre 1918 et la Libération de Paris en 1944 pour retrouver une telle euphorie populaire et un tel consensus national.

Deux nations sœurs

La victoire de Bouvines scella la longue gestation de deux nations sœurs, la France et l'Allemagne, issues de l'éclatement de l'empire de Charlemagne et destinées à s'affronter pendant plus d'un millénaire. Cette gestation avait été amorcée quelques décennies après la mort de Charlemagne en 814 et marquée par deux événements : le serment de Strasbourg, en 842, et le traité de Verdun, l'année suivante.

Au IXe siècle, l'empire de Charlemagne n'était ni la France ni l'Allemagne telles que nous les connaissons.

Aucune de ces entités n'existait. C'était le « royaume des Francs », le *Regnum Francorum*, édifié sur les ruines de l'Empire romain par Clovis et ses descendants puis considérablement agrandi grâce aux campagnes militaires de Charlemagne, qui n'était ni un Français ni un Allemand, mais un Franc s'exprimant en latin ou en francique. Charlemagne avait même fait rédiger une grammaire de l'idiome de son peuple, de son *Stamm*, sa tribu originaire. En 800, Charlemagne avait reçu la couronne impériale à Rome et, à sa mort, l'empire mesurait près de 1 600 km² dans trois sens : de l'Atlantique aux plaines magyares, de l'Oder à l'Èbre, de la Baltique à la Campanie. Cet empire était beaucoup trop vaste eu égard aux moyens de communication de l'époque, à la multiplicité des peuples qui y avaient été réunis par la force, à la diversité de leurs cultures et de leurs langues. Son démembrement était inévitable.

Il fut l'œuvre des petits-fils de l'empereur, Lothaire, Charles et Louis (surnommés plus tard par les historiens Charles le Chauve et Louis le Germanique) à travers une série d'épisodes, retournements, trahisons et compromis, dont le serment de Strasbourg et le traité de Verdun, qui initièrent le processus de création des deux nations française et allemande sur le plan linguistique et territorial.

En février 842, Charles le Chauve et Louis le Germanique, en guerre contre leur frère aîné, Lothaire, qui détenait le titre d'empereur, réunirent leurs deux armées aux portes de Strasbourg et prêtèrent serment d'alliance face à elle, Charles en langue germanique afin d'être compris par les soldats de Louis, et ce dernier en roman pour être entendu des soldats de Charles. Ainsi s'esquissa une partition linguistique qui fut bientôt renforcée par une partition territoriale.

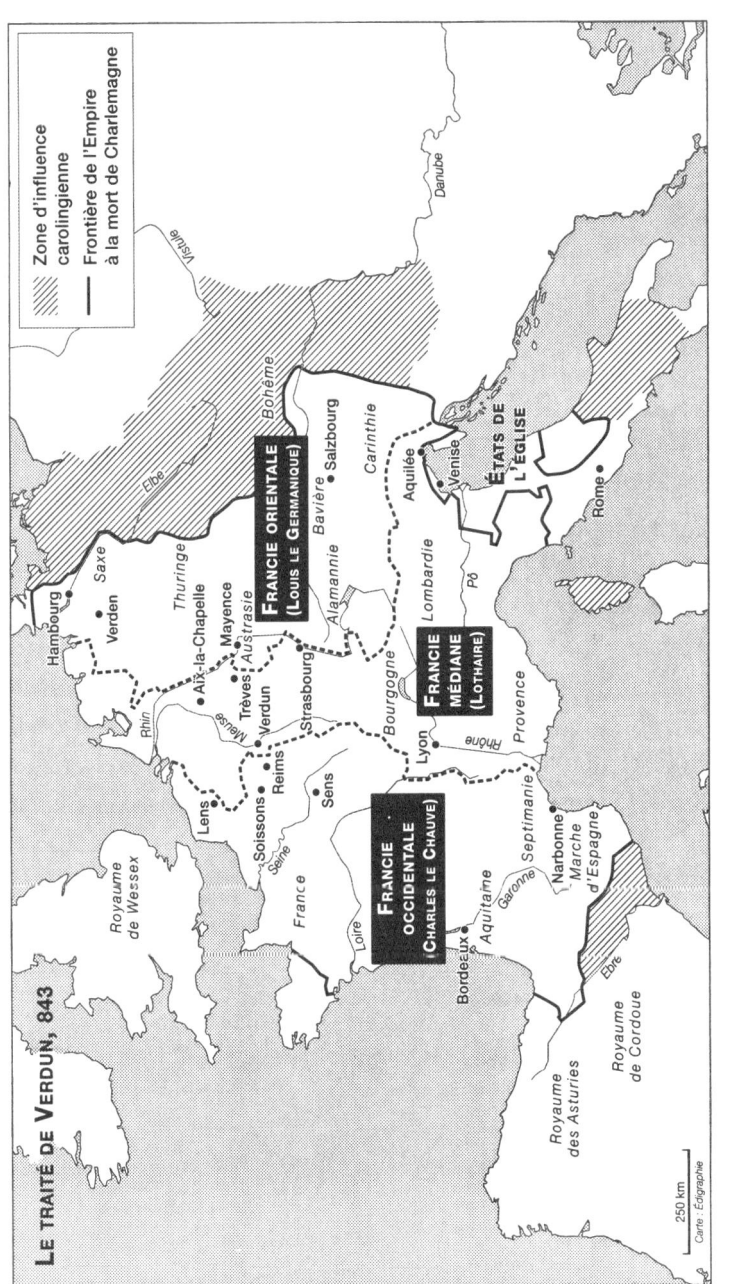

LE TRAITÉ DE VERDUN, 843

Légende :
- Zone d'influence carolingienne
- Frontière de l'Empire à la mort de Charlemagne

FRANCIE ORIENTALE (LOUIS LE GERMANIQUE)

FRANCIE MÉDIANE (LOTHAIRE)

FRANCIE OCCIDENTALE (CHARLES LE CHAUVE)

ÉTATS DE L'ÉGLISE

Royaume de Wessex

Royaume des Asturies

Royaume de Cordoue

Hambourg
Verden
Saxe
Thuringe
Aix-la-Chapelle
Mayence
Austrasie
Trèves
Verdun
Reims
Soissons
Lens
Sens
France
Strasbourg
Alamannie
Bavière
Salzbourg
Bohême
Carinthie
Bourgogne
Lombardie
Lyon
Provence
Aquilée
Venise
Rome
Bordeaux
Aquitaine
Septimanie
Narbonne
Marche d'Espagne

Elbe
Rhin
Meuse
Seine
Loire
Garonne
Ebre
Rhône
Pô
Danube
Vistule

250 km

Carte : Édigraphie

En août 843, à Verdun, les trois frères divisèrent l'empire de Charlemagne en trois territoires : la Francie orientale, attribuée à Louis, située à l'Est du Rhin (mais comprenant trois comtés sur la rive gauche, notamment pour sa « provision de vin ») ; la Francie occidentale, attribuée à Charles ; et, entre les deux, la Francie médiane, qui allait de la Frise à la Campanie et qui devint la Lotharingie. Les historiens verront souvent dans le traité de Verdun l'acte de naissance de la France et de l'Allemagne. « En dépit de remaniements ultérieurs (comme l'éclatement de la Lotharingie) ce traité resta pour plus d'un millénaire la charte territoriale de l'Europe [1] », confirme l'historien Louis Halphen.

Le *Regnum Francorum* subsistait au moins formellement, c'est pourquoi chacun des trois frères s'intitula roi des Francs. Lothaire, lui, se vit confirmer son titre d'empereur de l'ensemble et attribuer les deux capitales, Rome et Aix-la-Chapelle. Mais quelques années plus tard, en décembre 875, Charles le Chauve prit le titre et fut sacré à Rome empereur des Romains, avec le cérémonial qui avait été réservé à son grand-père Charlemagne. Cependant, les contemporains ne s'y trompaient pas, l'empire des Francs était bien moribond. Le poète Florus de Lyon écrivit ainsi une *Déploration sur la division de l'empire* :

Monts et collines, forêts et fleuves, fontaines,
Et rivières jaillissantes, vallées profondes,
Pleurez sur la race des Francs qui, par don du Christ,
Élevée au rang d'empire, est réduite ce jour en poussière.

---

1. Louis Halphen, *Charlemagne et l'Empire carolingien*, Paris, Albin Michel, 1947, p. 314.

Le nom et la gloire de l'empire sont perdus. Les royaumes jusqu'alors unis ont été déchirés en trois parts. Au lieu d'un roi, un roitelet ; au lieu d'un royaume, des fragments de royaume [1].

Il fallut attendre la mort du dernier Carolingien de Germanie en 911 pour que disparaisse définitivement le *Regnum Francorum*. Au lieu d'aller quérir un héritier de la dynastie carolingienne en Francie occidentale, les ducs des divers *Stämme* germaniques – Saxons, Souabes, Frisons, Bavarois, etc. – décidèrent de rester groupés et d'élire un des leurs, Conrad, duc de Franconie, comme roi et non comme empereur. Peu après, la Germanie abandonna le nom de Francie orientale pour recevoir celui de *Regnum Teutonicorum*. La Francie occidentale devint la France, et la Francie médiane, la Lotharingie. L'historien allemand Eugen Ewig concluait ainsi cette évolution : « Conrad, mettant fin à l'histoire franque, introduisit l'histoire d'Allemagne [2]. » Et dialectiquement, il introduisait aussi l'histoire de France, quoique avec un temps de retard.

Ce n'est qu'après la mort du dernier roi carolingien français et l'élection au trône d'Hugues Capet en 987 que les deux pays auront une histoire séparée. En 978, l'empereur Othon II s'immisçait encore dans les affaires intérieures du royaume : il vint camper sur la colline de Montmartre à la tête de ses troupes, avant d'entamer une retraite que le mauvais temps transforma en

1. Cité par Pierre Riché dans *Les Carolingiens, une famille qui fit l'Europe*, Paris, Hachette, 1983, p. 170.

2. Peter Rassow, *Histoire de l'Allemagne, des origines à nos jours*, trad. de l'allemand par Louis Berger et Pierre Kamnitzer, Roanne, Horvath, 1969, p. 123.

débâcle. Cette guerre dynastique révélait les prémices d'un sentiment national français et antiallemand qu'une chronique du temps soulignait ainsi : « Après cela, ni Othon, ni son armée ne s'avisèrent plus de revenir en France. » La prédiction était pour le moins aventureuse, néanmoins l'historien allemand Karl Ferdinand Werner observe : « Les deux royaumes ont pris désormais un chemin qui les éloignera de plus en plus [1]. » Et qui les opposera durant plus de mille ans.

La petite France face au grand Reich

Dès la fin du Xe siècle naquirent donc deux pays dans l'Europe. D'un côté, un empire qui revendiquait l'héritage de l'Empire romain et celui de Charlemagne. C'était un immense territoire, qui s'étendait de la Baltique à la Campanie, de la mer du Nord aux montagnes de Bohême et aux plaines hongroises, avec, à l'Est, une grande réserve de terres encore à peine colonisées. C'était un empire multinational qui réunissait des Germains, des Italiens, des Magyars, des Slaves, et des anciens Gallo-Romains en Lorraine et dans les royaumes de Bourgogne et d'Arles. Enfin, c'était un empire dont la dimension religieuse était fondamentale puisqu'il aspirait à régenter toute la chrétienté.

En face, le royaume de France était étroit, pris en étau entre l'océan et la Meuse, et le roi y était encore moins puissant et moins riche que certains de ses féodaux. Son destin semblait être de réintégrer un jour,

---

1. Karl Ferdinand Werner, *Histoire de France*, t. 1, *Les Origines* [1984], Paris, Le Livre de poche, 1995, p. 557.

nolens volens, le grand empire. L'histoire allait pourtant contredire très vite cette impression : rapidement, le « petit » s'imposa face au « grand » et les deux nations sœurs, à peine constituées, devinrent antagoniques.

Que les monarques des deux États s'affrontent pour s'emparer d'une Lotharingie invivable n'étonne guère : la curée avait commencé au temps du *Regnum Francorum*, et le royaume de Lothaire avait changé de mains à plusieurs reprises jusqu'à ce qu'Othon l'annexe en 925 et que la France n'ait de cesse de tenter de le récupérer, morceau après morceau. Cette rivalité relevait des rapports de force classiques entre pays et dynasties.

La séparation

La rapidité du divorce des deux empires sur les plans linguistique, culturel et « sociétal » fut beaucoup plus inattendue. Le serment de Strasbourg avait montré que les soldats de l'Ouest ne comprenaient que le roman, et ceux de l'Est, la langue tudesque. Dans son célèbre ouvrage sur la France paru en 1931, l'universitaire allemand Ernst-Robert Curtius, l'ami d'André Gide, pouvait ainsi écrire : « Hugues Capet fut le premier roi dont nous savons avec certitude qu'il ne comprenait par le francique [le dialecte germanique des Francs]. Il est à proprement parler le premier roi "français"[1]. » Curtius remarquait également que la conquête de Jules César entraîna la romanisation des Gaulois, les vaincus,

---

1. Ernst-Robert Curtius, *Essai sur la France* [1930], trad. de l'allemand par Jacques Benoist-Méchin, Paris, Grasset, 1932, p. 125.

alors que la conquête de Clovis entraîna celle des Francs, les vainqueurs : « Dans l'un et l'autre cas, nous assistons au triomphe de la civilisation la plus haute. » Cette partition linguistique allait de pair avec une partition culturelle qui distingua Français et Allemands dès l'origine. La toute nouvelle littérature romane avait souvent des accents « nationaux ». Le discours politique de la *Chanson de Roland*, écrite à la fin du XIe siècle, est encore ambigu : quand Roland invoque la « doulce France », quelles sont les limites de celle-ci ? Ne sont-elles pas celles de l'empire que Roland se vante d'avoir conquis pour Charlemagne : « Anjou et Bretagne, Provence et Aquitaine […], la Bavière et la Flandre, et la Bourgogne et toute la Pologne » ? À la même époque, une autre chanson de geste écrite en roman, la *Chanson du pèlerinage de Charlemagne*, était beaucoup plus clairement « française » : Charlemagne n'y était pas l'empereur d'Aix-la-Chapelle, mais le roi de Paris où il avait rapporté le clou et la couronne d'épines de la crucifixion du Christ et où il tenait désormais sa cour.

La deuxième croisade (1147-1149), menée par deux armées, allemande et française, livra une nouvelle démonstration de la discorde sous-jacente entre les deux pays qui surprit les contemporains. C'était la première fois que Français et Allemands menaient une opération conjointe. Hélas, elle se termina par un désastre monumental, dû pour une large part à la rivalité latente entre le roi Louis VII et l'empereur Conrad III, et à la mésentente entre les deux armées. Les chroniques de cette croisade sont fascinantes car pour la première fois elles mettent en valeur des caractéristiques que les Français attribueront aux Allemands jusqu'à ce qu'elles deviennent des clichés. Était-ce là la trace du mépris des

Gallo-Romains pour les Barbares ? Il est difficile de l'affirmer. En tout cas, selon le chroniqueur byzantin Kimannos, les Français raillaient la lourdeur germanique : « Ils méprisaient les Allemands, se moquaient de la pesanteur de leur armure, de la lenteur de leurs mouvements et leur disaient dans leur langue : "Pousse, Allemand [1] !" » Le chroniqueur français Odon de Deuil, qui accompagnait Louis VII, peignait les Allemands sous les traits de pillards et d'ivrognes dont les excès dans l'empire de Byzance avaient compromis l'expédition : « Les Allemands ne voulaient pas souffrir que les nôtres achetassent quelque chose avant qu'eux-mêmes eussent pris amplement tout ce qu'ils désiraient. Il s'ensuivait des rixes avec des clameurs épouvantables : car les uns n'entendant pas les autres, chacun criait à tue-tête et parlait sans résultat [2]. » Le chroniqueur du roi de France était évidemment partial, mais il est intéressant de voir que son récit affirme la conscience nationale française face aux et contre les Allemands. L'historien Marc Bloch, pour qui la cristallisation des deux consciences nationales, en France et en Allemagne, était un fait accompli vers l'an 1100, prenait à témoin ces conflits entre chevaliers durant les croisades. Il soulignait également le titre ambitieux que le chroniqueur Guibert de Nogent donna à son récit de la première croisade : *Gesta Dei per Francos* (« L'action de Dieu passe par la France [3] »). Le récit du moine Guibert de Nogent proposait une lecture politique

---

1. Ernest Lavisse, *Histoire de France*, Paris, Hachette, t. 3, 1911, p. 15.

2. *Ibid.*

3. Marc Bloch, *La Société féodale*, Paris, Albin Michel, 1994, t. 2, p. 238.

nationale d'une expédition qui était à l'origine religieuse.

Dès l'origine, les deux pays s'inspiraient de conceptions géopolitiques difficiles à concilier. Ils s'étaient dotés d'institutions antinomiques qui rendaient inévitable la collision entre un empire à vocation multinationale et hégémonique à l'est, et un royaume qui inventa l'État-nation, la juxtaposition d'une organisation politique et d'un groupe d'individus reconnaissant une identité commune à l'ouest : « En français, qui dit royaume pense France. En allemand, qui dit Reich a en tête *Imperium* [1]. » Que le royaume devienne république ne changera guère : cet antagonisme radical subsistera jusqu'au lendemain de la Seconde Guerre mondiale.

Qu'est-ce qu'un empire ?

En 962, lorsque le roi de Germanie Othon Ier avait relevé le titre vacant d'empereur, sa première démarche avait été de se faire couronner par le pape, comme Charlemagne. Ce voyage à Rome, qu'effectueront nombre de ses successeurs, marquait le caractère sacré de l'empereur qui portait trois couronnes : la couronne d'argent de roi de Germanie qu'il recevait à Aix-la-Chapelle ; la couronne de fer pour l'Italie, qui lui était décernée à Monza, près de Milan ; la couronne d'or que lui remettait le pape à Rome. « La magistrature impériale, explique Georges Duby, était une autre ins-

---

1. Carlrichard Brühl, *Naissance de deux peuples*, trad. de l'allemand par Gaston Duchet-Suchaux, Paris, Fayard, 1994, p. 206.

titution divine qui se situait un peu plus haut que la royauté dans la hiérarchie des puissances, au degré intermédiaire entre les rois de la terre et les dominations célestes [1]. » Suivant un surprenant renversement, moins les empereurs germaniques exerceront de pouvoir réel, plus ils insisteront sur cette dimension universelle et sacrée.

La Bulle d'or qui réorganisa l'empire en 1356 magnifiait la dignité de l'empereur, « tête temporelle du peuple chrétien chargé de régir l'Univers », mais accordait tous les droits souverains aux sept grands électeurs. Au siècle suivant apparut la désignation complète de « Saint Empire romain de la nation allemande » (*heiliges römisches Reich deutscher Nation*), signifiant que c'était à la nation allemande (au sens de « peuple », et non au sens de « nation » à la française) que revenait la direction de l'empire et, en principe, de la chrétienté. L'empereur de la famille des Habsbourg, Frédéric III (1452-1493), fit alors inscrire sur les monuments une devise ambitieuse *AEIOU*, soit *Austriae est imperare orbi universo* : « Il appartient à la maison d'Autriche de régner sur la terre entière. » Son successeur Maximilien Ier – le grand-père de Charles Quint – alla même jusqu'à rêver de réunir le Saint Empire et la papauté sous un chef unique en se faisant élire pape après la mort de Jules II. Rêve insensé, qui illustre néanmoins la puissance de l'idée de Reich dans l'imaginaire allemand : « À travers les siècles, la vision du Saint Empire dominant l'Europe est restée dans la mémoire collective des Allemands comme un appel à

---

1. Cité par Pierre Béhar, *Du Ier au IVe Reich*, Paris, Desjonquères, 1990, p 14.

la conquête, une promesse d'hégémonie, une certitude de mission sacrée [1]. »

Le Saint Empire s'effondrera une première fois sous les coups de Napoléon en 1806, mais un Deuxième Reich resurgira à la première réunification allemande de 1871 pour ne laisser la place au Troisième Reich de Hitler qu'en 1933. L'Allemagne de la république de Weimar demeurait en effet un Reich, ce que confirmait l'article premier de la Constitution de 1919 : « Le Reich allemand est une République. » Il fallut la défaite, les crimes nazis et la Shoah pour éliminer d'Allemagne un concept que l'on ne retrouve aujourd'hui que dans les articles ou les livres étrangers – français et britanniques notamment – qui s'inquiètent du retour de la puissance allemande.

Face à un Reich à prétention universaliste et à vocation multinationale, la « petite » France n'avait donc que deux issues : la soumission ou la révolte, la collaboration ou la résistance. À moins que l'on ne considère comme une issue l'échappatoire que sont la moquerie et l'ironie de la germanophobie. La collaboration consistait pour les rois à accepter le statut humiliant de *regulus*, roitelet soumis à l'empereur. La résistance consista à revendiquer une indépendance totale et, pour ce faire, à concentrer ses forces pour tenir tête à un Saint Empire qui ne parvint jamais à se doter d'un Parlement fort ni d'un empereur héréditaire. En huit cents ans, la France connut une seule dynastie avec trois branches – les Capétiens, les Valois et les Bourbons –, et c'est sous le nom de « citoyen

---

1. Robert Minder, *Allemagne et Allemands, essai d'histoire culturelle*, Paris, Seuil, 1948, t. 1, p. 78.

Capet » que Louis XVI fut jugé et condamné à mort en janvier 1793. Durant la même période, la couronne impériale passa des Ottoniens aux Saliens, des Hohenstaufen aux Luxembourg, puis aux Habsbourg. L'historien Edmond Vermeil avance un argument pour expliquer cette différence : « Ne pouvant être ni attaqué, ni conquis, l'empire ne subit pas, comme le royaume de France, l'épreuve salutaire du danger qui renaît sans cesse et fouette les énergies nationales [1]. »

À l'épreuve des frontières

Dynasties changeantes, frontières mouvantes. L'Allemagne n'a pas de frontières naturelles. Les seules qu'elle possède sont la mer du Nord et la Baltique et, au sud, les Alpes. Dès le début, privée d'autres frontières fixes, elle a cherché à s'étendre vers l'Italie au nom du Saint Empire. L'idéologie du pré carré de la « doulce France » établie à l'abri de frontières naturelles revendiquées avec orgueil s'opposait à celle de cet empire toujours prêt à s'étendre au sud vers Rome, mais aussi à l'ouest vers les anciennes terres carolingiennes, et à l'est vers les plaines slaves transformées en « marches » germaniques. Ne faudra-t-il pas attendre 1990 et le Traité quatre plus deux, signé avec les vainqueurs de la Seconde Guerre mondiale, pour que l'Allemagne reconnaisse définitivement l'ensemble de ses frontières ?

« Les États ont la politique de leur géographie », affirmait Napoléon qui ne respecta guère ce principe

---

1. Edmond Vermeil, *L'Allemagne, essai d'explication* [1939], Paris, Gallimard, 1945, p. 58.

pour lui-même. Menacée sur toute sa frontière est, la France n'a eu de cesse que de se protéger d'un voisin *a priori* beaucoup plus puissant et de se doter d'un pouvoir central fort, atout qui a toujours manqué au Premier Reich, qui était une confédération de princes dirigée ou chapeautée par l'un d'entre eux. En s'inspirant du droit romain et des règles de la Rome antique, les légistes français – notamment sous le règne de Philippe le Bel au tournant du XIIIe et du XIVe siècle – avaient fourni aux rois de France les arguments juridiques propres à substituer à la monarchie féodale une monarchie absolue organisée à la manière de l'Empire romain, dont le principe fondamental était *Rex Franciae est imperator in regno suo* : « Le roi français est empereur en son royaume. » Ce principe se voulait une réplique aux prétentions hégémoniques de l'empereur germanique et du pape. Même lorsque les rapports étaient apaisés entre le royaume et l'empire, le roi de France veillait jalousement au respect de ce principe. Ainsi le strict protocole imposé par le roi Charles V lorsque, en 1378, il reçut officiellement à Paris l'empereur Charles IV, dernière visite amicale d'un chef d'État allemand jusqu'à la Ve République. Lors de l'entrée dans la capitale, l'empereur dut monter un cheval noir alors que le cheval blanc, symbole de prééminence, était réservé au roi. C'était le signe que celui-ci était le seul maître chez lui, le seul empereur en son pays, alors que la doctrine politique du Saint Empire voulait que tout roi soit, au moins symboliquement, subordonné à l'empereur. Le faste déployé lors de cette visite officielle avait également pour but de manifester la puissance et la richesse du royaume : promenade sur la Seine, visite à l'université de Paris, banquet de huit cents couverts suivi d'un spectacle vivant qui mettait en scène la prise de Jérusalem par Godefroi de Bouillon lors de la première croisade, avec « un navire glissant sur la scène d'où jaillissaient des guerriers [1] ».

Plus le royaume de France craignait la puissance de l'empire, plus il regardait par-delà ses frontières. C'est une règle bien connue : la meilleure défense est l'attaque. Des idées impérialistes se faisaient alors jour, telles celles d'un légiste bas-normand, Pierre Dubois, contemporain de Philippe le Bel, qui, dans deux ouvrages, *Summaria Doctrina* et *De recuperatione terrae sanctae*, posait le principe que l'univers devait être soumis aux Français et à la dynastie capétienne. Il imaginait que le Saint Empire céderait à la France la Provence, la Savoie, ses droits en Italie et… la rive gauche du Rhin. Certes, il s'agit là des idées d'un avocat qui n'avait pas accès à la cour et n'influençait pas le pouvoir, mais, à l'époque, elles étaient moins farfelues qu'elles n'en avaient l'air : « Les lieux communs d'un fol orgueil patriotique, qui perce jusque dans les documents de la chancellerie royale, foisonnent dans la littérature du temps. Et à l'étranger, la vanité des Français était passée en proverbe [2]. » Quoi qu'il en soit, les rois de France n'ont pas tardé à regarder vers leurs frontières de l'Est et à entretenir financièrement des affidés – appelés « parti français » – dans chacune des principautés limitrophes ayant appartenu à la Lotharingie, du royaume d'Arles à la Basse-Lorraine. Ils allèrent jusqu'à revendiquer la couronne élective de

1. Laurent Theis, *Chronologie commentée du Moyen Âge français*, Paris, Perrin, 1992, p. 388.
2. Ernest Lavisse, *Histoire de France, op. cit.*, t. 3, p. 290.

l'Empire germanique pour eux-mêmes ou un parent : Philippe le Bel avança la candidature de son frère, Charles de Valois, en 1308, puis celle de son fils, le comte de Poitiers, cinq ans plus tard. Hélas, les importantes prébendes distribuées aux grands électeurs ne contrebalançaient pas les sentiments antifrançais de ces derniers : le comte de Poitiers ne recueillit pas une seule voix.

En 1519, François Ier fut personnellement candidat face à Charles de Habsbourg, le futur Charles Quint, déjà roi d'Espagne. L'objectif du roi de France était de prévenir le risque d'encerclement du royaume que ferait courir un empereur qui contrôlerait l'Espagne, l'Italie du Nord, l'Allemagne et les Pays-Bas. Malgré l'argent mis sur la table et bien qu'il eût cru bon de rappeler aux grands électeurs les origines franques de la nation française (à savoir les Sicambres), François Ier échoua à son tour. Il avait sous-estimé la vague de patriotisme qui accompagna outre-Rhin la Réforme luthérienne. Une vague à laquelle les grands électeurs n'avaient pas échappé. L'historien Lucien Febvre l'explique ainsi dans sa biographie de Luther :

> Au moment décisif, lorsqu'il fallut en venir au vote, des tractations, des conventions, des ventes aux enchères, plus rien ne tint. Une grande vague de nationalisme germanique submergea toutes ces misérables petites choses. Sous la pression d'une opinion émue, troublée jusque dans ses profondeurs et qui réunissait dans une étrange unanimité les bourgeois, les nobles et les humanistes de Crotus Rubianus à Erich von Hutten et de Franz de Sickingen, roi des chevaliers pillards, à Jacob Fugger le Riche d'Augsbourg, tandis que douze mille piétons et deux mille cavaliers prêts à faire front contre le roi de

France se massaient spontanément aux portes de Francfort, Charles de Habsbourg, le 18 juin1519, sortait vainqueur de l'urne électorale [1].

L'État et la nation

À la nouvelle de son échec, François Ier aurait dit que cela valait mieux pour lui et son royaume. Il avait compris que sa candidature butait sur l'opposition fondamentale entre la France et l'Allemagne, entre un État-nation et un Empire multinational groupant plusieurs peuples mais reposant sur la suprématie d'un seul, le peuple allemand. En France, l'État, le pouvoir royal, avait précédé et formé la nation. Nous l'avons vu dans le retentissement qu'eut la victoire de Bouvines. Mais la nation française n'était pas un peuple homogène, car elle avait progressivement intégré les diverses populations, aux langues différentes, des terroirs accumulés peu à peu par l'État. En Allemagne, au contraire, la nation précédait l'État, au sens de peuple, comme dans l'appellation « Saint Empire romain de la nation allemande ». Jamais l'État et la nation n'ont recouvert la même réalité en Allemagne jusqu'en 1871, quand apparut le premier État national de l'histoire allemande. Et encore, observe le politologue allemand Kurt Sontheimer : « Dans l'Empire bismarckien, le sentiment national porta plus sur l'État et son idée que sur la nation, dans la tradition de l'idéologie hégélienne [2]. »

---

1. Lucien Febvre, *Un destin : Martin Luther*, Paris, PUF, 1968, p. 88.
2. *Au jardin des malentendus*, Arles, Actes Sud, 1992, p. 180.

Les mêmes mots cachent des réalités radicalement différentes. Ernest Renan a donné une définition particulièrement pertinente de la conception française de la nation : celle-ci est un « principe spirituel », à la fois la possession en commun d'un riche legs de souvenirs et « le consentement actuel, le désir de vivre ensemble », « un plébiscite de tous les jours [1] ». La conception allemande de la nationalité repose sur le sang, l'histoire, la langue : qui a des ancêtres allemands et parle allemand est allemand, qu'il le veuille ou non, pourrait-on dire. Il ne s'agit pas là d'une querelle abstraite de juristes et d'historiens. Le Deuxième Reich a justifié l'annexion en 1871 de l'Alsace et du Nord de la Moselle en invoquant ce droit du sang (*jus sanguini*) déclenchant, par ce coup de force contre la volonté des populations, une vague de germanophobie profonde, radicale, qui n'a reflué qu'à partir de la seconde moitié du XXᵉ siècle.

---

1. Ernest Renan, *Qu'est-ce qu'une nation ?*, Paris, Calmann-Lévy, 1882.

Chapitre 2

Ce qu'il y a d'antiluthérien dans la germanophobie ordinaire

En 1552, François Ier était mort depuis cinq ans, mais son fils Henri II avait repris la lutte de la maison de France contre la maison d'Autriche et l'immense empire de Charles Quint, dont les possessions européennes encerclaient le royaume. Si François Ier était fasciné par l'Italie, Henri II prêtait davantage attention à la frontière du Nord et de l'Est du royaume. L'invasion de 1544, qui avait vu les troupes de Charles Quint pousser jusqu'à Meaux, à quarante kilomètres de Paris, avait montré la faiblesse de cette frontière et relancé l'idée médiévale d'occuper les places fortes de l'ancienne Lotharingie, Metz, Toul et Verdun, dites les Trois-Évêchés. « Emparez-vous tout doucement de ces villes qui seront un inexpugnable rempart pour la Champagne et la Picardie, conseillait au roi le maréchal de Vieilleville. Elles constitueront un beau chemin tout ouvert pour enfoncer le duché de Luxembourg et les pays jusqu'à Bruxelles [1]. »

---

1. Mémoires du maréchal de Vieilleville citées dans Albert Malet et Jules Isaac, *Cours d'histoire, classe de 3e*, Paris, Hachette 1947, p. 352.

La guerre de religion qui déchirait l'Allemagne et opposait les princes protestants et les princes catholiques, soutenus par l'empereur Charles Quint, allait fournir au roi de France l'occasion de mettre en pratique la politique allemande que son conseiller diplomatique, Charles de Marillac, définissait d'une phrase : « Tenir sous main les affaires d'Allemagne en la plus grande difficulté qu'on pourra. » Henri II, lui, résumait cette politique d'un mot : le « grabuge ».

Des négociations secrètes, ouvertes avec les princes protestants, avaient abouti en 1551 au traité de Friedewald (en Hesse) : en échange d'une aide financière, les princes allemands reconnaissaient à Henri II le droit d'occuper Metz, Toul et Verdun, lesdits Trois-Évêchés. « Il a été équitable que le roi de France, le plus promptement possible, prenne possession des villes qui de tous temps ont appartenu à l'empereur bien que la langue allemande n'y soit pas en usage, c'est-à-dire de Toul en Lorraine, de Metz et de Verdun » : cette clause du traité fut souvent invoquée pour fonder les droits de la France sur les évêchés lorrains. Un manuel d'histoire de quatrième édité en 1907, alors que Metz était redevenue allemande, affirmait ainsi, avec des accents revanchards caractéristiques de la germanophobie véhiculée par l'Éducation nationale :

> Cet article du traité de Friedwald, vieux de plus de trois cent cinquante ans, est aujourd'hui plus que jamais du plus haut intérêt pour nous. Ce sont les Allemands eux-mêmes qui ont proclamé en 1552 que Metz, comme Toul et Verdun, était non pas ville allemande mais ville française. C'est du libre consentement des

Allemands, sans contrainte aucune, que Metz, déjà française par la langue, devint en outre politiquement française. Les Allemands ont condamné par avance l'odieux abus de la force que leurs descendants ont commis en 1871 [1].

Le professeur agrégé d'histoire au lycée Louis-le-Grand oubliait, en écrivant ces lignes, les règles du droit international : les princes allemands ne pouvaient disposer de terres du Saint Empire de leur propre chef et sans l'accord de l'empereur.

Les princes signataires du traité avaient, il est vrai, habillé cette cession d'un fragment du Reich d'une clause précisant que le roi de France occuperait ces villes en tant que « vicaire de l'empire ». Cette réserve ne trompa personne et, dès avril 1552, Henri II prit possession des trois villes épiscopales, poussant même une pointe sous les murs de Strasbourg. Charles Quint ne tarda pas à contre-attaquer : il ne pouvait, sans compromettre son autorité sur le monde germanique, accepter un traité qui aliénait une partie du territoire de l'empire et dont l'intitulé faisait implicitement du roi de France le protecteur des princes allemands face à l'autorité de l'empereur : *Pro Germaniae patriae libertate recuperanda* (« Pour la restauration de la liberté de la patrie germanique »).

Dès l'automne de la même année, l'empereur investit Metz à la tête d'une puissante armée de soixante mille hommes composée d'Allemands, de Wallons, de Flamands, d'Italiens et d'Espagnols, et réunie grâce à un prêt des Fugger, les banquiers d'Augsbourg.

---

1. Albert Malet, *Les Temps modernes*, classe de 4ᵉ, Paris, Hachette, 1907, p. 111.

À cette époque, seul le Grand Sultan était capable d'aligner des troupes plus importantes, dépassant cent mille hommes. Le sort de la ville épiscopale paraissait joué. En outre, Henri II et l'armée royale restaient prudemment cantonnés à Compiègne et le défenseur de Metz, le duc François de Guise, ne disposait que d'environ huit mille hommes. Mais Guise, secondé par plusieurs bons ingénieurs, mit rapidement la ville en état de défense : il fit réparer les fortifications, élever de nouveaux ouvrages, détruire les faubourgs ainsi que plusieurs églises et abbayes qui se trouvaient en dehors de l'enceinte, raser à l'intérieur de la ville les tours des églises qui auraient pu servir de point de mire et transformer leurs plates-formes de façon à recevoir des canons. Il ordonna de stocker dans les greniers situés près de la cathédrale tous les vivres disponibles et de vider la campagne dans un rayon de plusieurs lieues. Afin de ne pas avoir de bouches inutiles à nourrir et de peur d'un soulèvement des Messins, il expulsa de la ville presque toute la population civile, à l'exception de quelques centaines d'ouvriers affectés à l'entretien des fortifications.

La ville fut transformée en une forteresse en attendant un assaut qui ne vint pas. Les généraux impériaux menaient le siège avec mollesse, laissant passer plusieurs occasions d'attaque, comme en décembre, quand leurs gros canons ouvrirent plusieurs brèches dans les murailles. Les intempéries firent le reste. Des pluies ininterrompues noyèrent le camp et des épidémies décimèrent la troupe. Le 24 décembre, Charles Quint, souffrant et découragé, ordonna la retraite. Lui-même partit pour Thionville le 1er janvier 1553, abandonnant sous les murs de Metz des milliers de cadavres sans sépulture, de blessés et de malades et ramenant vingt mille hommes à peine avec lui.

Les effets d'une bataille qui n'eut pas lieu

La bataille de Metz, qui au fond n'eut jamais eu lieu, opposait le chef d'un empire « sur lequel le soleil ne se couchait jamais » et un petit duc français. Elle eut pourtant des conséquences disproportionnées – nous en distinguerons quatre – par rapport à l'importance objective de l'événement.

Les Trois-Évêchés restèrent aux mains des Français, même s'il fallut attendre 1648 et un traité international, le traité de Westphalie, pour que l'empire, et non seulement un groupe de princes protestants, abandonnât définitivement en faveur de la France ses droits sur les trois villes épiscopales et leurs dépendances. L'annexion de fait de 1552 amorça également une poussée française vers le Rhin qui n'a vraiment cessé qu'au lendemain de la Seconde Guerre mondiale, lorsque les Alliés se sont opposés à la volonté du général de Gaulle de démanteler l'Allemagne et de s'emparer de territoires sur la rive gauche du Rhin.

En s'alliant avec les princes protestants, Henri II, le catholique, interdisait à Charles Quint, le défenseur de la foi, de restaurer l'unité religieuse de l'empire. Le temps de la diplomatie « laïque » était né. Le rêve de fonder une communauté chrétienne universelle était abandonné. La seule idéologie, théorisée au siècle suivant par Richelieu, devint la raison d'État, définissant l'intérêt général du pays sans tenir compte des clivages religieux.

Découragé par le siège de Metz, Charles Quint avait confié son intention de démissionner et de se retirer dans un monastère. Il tint parole en abdiquant en 1555 et en 1556, en faveur de son fils Philippe pour les Pays-Bas, la Franche-Comté, et l'Espagne, l'Italie et l'Amérique, et en faveur de son frère Ferdinand pour l'Empire germanique. La « maison d'Autriche » était scindée en deux. La France commençait à démembrer l'encerclement dont elle se jugeait victime et à s'imposer comme puissance dominante.

Enfin, l'effondrement de l'armée de Charles Quint eut un effet collatéral considérable : l'empereur fut contraint d'abandonner son rêve de mise au pas des princes protestants et de restauration de l'unité religieuse de l'empire. Avant d'abdiquer, il donna mandat à son frère Ferdinand de conclure un compromis avec les protestants. Ce fut chose faite en octobre 1555, grâce à la paix d'Augsbourg qui reconnaissait l'existence officielle des Églises luthériennes aux côtés de l'Église catholique. Une nouvelle césure venait de partager la société allemande entre catholiques et protestants.

Longtemps cette césure aida la France à asseoir son hégémonie en Europe mais, paradoxalement et à beaucoup plus long terme, la Réforme, dont l'implantation en Allemagne devait tant au roi de France, allait élever un nouveau mur entre les Français et les Allemands, entre une nation fondamentalement catholique et un pays majoritairement protestant.

Humanisme et nationalisme

Un mur qu'avait commencé à construire l'humanisme allemand car, si l'éveil de la conscience nationale est une des dimensions du courant humaniste dans toute l'Europe, il fut particulièrement vif en Allemagne. En Italie, en France, en Allemagne, les humanistes s'affrontaient au sujet de l'héritage des Anciens dont on redécouvrait les œuvres. Les Italiens et les Français, pour le revendiquer. Les Allemands, souvent, pour le récuser au nom de la germanité. Nous connaissons le patriotisme culturel de Pétrarque affirmant le primat culturel de Rome et pressant, au nom de celui-ci, le pape Urbain VI de quitter Avignon pour regagner la Ville éternelle. Nous savons que la Sorbonne avait dès le Moyen Âge professé la théorie de la *translatio studii*, le déplacement des études d'est en ouest, en faisant de Paris l'héritière culturelle directe d'Athènes et de Rome. Cette théorie médiévale fut reprise par les humanistes de la Renaissance qui en firent un élément constitutif de l'identité française, du moins à en croire l'écrivain Friedrich Sieburg dans son livre célèbre, *Dieu est-il français ?* « Être Français, ce n'est pas appartenir à une race que distinguent une même couleur de cheveux, une même structure du crâne, les mêmes instincts ; c'est avoir en commun une certaine conception de l'esprit national ; c'est se sentir l'héritier, l'administrateur et le continuateur de Rome et du monde latin [1]. »

Le mot « patrie » apparut en France à la Renaissance, lorsque les humanistes prirent l'habitude de comparer la France à Rome et à Athènes et de vanter ce que l'on n'appelait pas encore le « modèle français » : « France, mère des arts, des armes et des lois, / Tu m'as nourri longtemps du lait de ta mamelle », chantait Du

---

1. Friedrich Sieburg, *Dieu est-il français ?*, trad. de l'allemand par Maurice Betz, Paris, Grasset, 1931, p. 77.

Bellay, qui déclarait dans l'inoubliable *Défense et illustration de la langue française* : « Quant à la piété, religion, intégrité des mœurs, magnanimité du courage, et toutes ces vertus rares et antiques, la France a toujours obtenu sans controverses le premier lieu. Pourquoi donc sommes-nous si grands admirateurs d'autrui ? » Pendant les guerres de Religion, les poètes personnifièrent la France pour dépeindre les malheurs qui la frappaient. Elle apparaissait ainsi à Ronsard, « Comme une pauvre femme atteinte de la mort. / Son sceptre lui pendait, et sa robe semée / De fleurs de lys était en cent lieux entamée. » Tandis qu'elle inspirait au huguenot Agrippa d'Aubigné un des rares poèmes épiques de la littérature française, *Les Tragiques* : « Je veux peindre la France, une mère affligée. »

Jamais on n'avait attaché autant de prix à « être français » qu'à cette époque où l'on vantait les Grecs et les Romains. Étienne Pasquier publia en 1560 ses *Recherches de la France* dans lesquelles il s'interrogeait sur les origines historiques de l'unité de la nation française. L'architecte Philibert Delorme avait l'ambition de créer la « colonne française » emblématique du « style français ». Les Français de la Renaissance étaient si convaincus d'être les héritiers des Anciens qu'ils se préoccupaient peu de se comparer aux contemporains étrangers. Le patriotisme de la Renaissance française n'était pas un nationalisme, et encore moins un anti-germanisme, même si Agrippa d'Aubigné dénonçait la sauvagerie des reîtres : « Voici le reître noir foudroyer au travers / Les masures de France, et comme une tempête / Emporter ce qu'il peut, ravager tout le reste. »

En Allemagne, au contraire, l'humanisme prit très vite une coloration nationaliste. S'il s'est montré hostile à Rome, ce n'est pas seulement parce que l'Allemagne n'avait pas les mêmes liens historiques avec l'Empire romain que la Gaule. Son but était de souder le monde germain et sa culture face à Rome et la culture française. La redécouverte au XIVᵉ siècle des œuvres de Tacite nourrissait ce courant. L'historien latin vantait les vertus des Germains, pauvreté, courage, simplicité, pour dénoncer les mœurs dissolues de la Rome de son temps, mais les humanistes allemands prirent au mot cette peinture orientée de l'antique Germanie, alors que son auteur l'avait conçue comme une satire indirecte de ses contemporains. L'historien américain Patrick J. Geary le confirme ainsi :

> L'analyse des vertus germaniques que l'on trouve dans la *Germania* de Tacite, ainsi que le récit de la victoire d'Arminius et de l'écrasement de la légion de Varus contenu dans les *Annales* devinrent la base du sentiment identitaire allemand. Tacite fournissait un exemple d'unité germanique antérieur à la mosaïque politique compliquée du Saint Empire romain et montrait que, dans le passé, les Germains avaient résisté à un envahisseur de langue romane [1].

Contrairement aux Gaulois, les anciens Germains avaient vaincu Rome et avaient résisté à son emprise linguistique et culturelle. En déclarant Arminius symbole de l'unité allemande, les humanistes allemands dressaient un tableau national idyllique de l'histoire de l'Allemagne. Ils y étaient encouragés par l'empereur Maximilien Iᵉʳ (empereur de 1493 à 1519), prédécesseur

---

1. Patrick J. Geary, *Quand les nations refont l'histoire, l'invention des origines médiévales de l'Europe*, trad. de l'anglais par Jean-Pierre Ricard, Paris, Aubier-Flammarion, 2004, p. 37.

et grand-père de Charles Quint. C'est Maximilien Ier qui transforma la très classique rivalité dynastique entre les Habsbourg et les Valois en une prétendue hostilité foncière entre Allemands et Français. L'empereur était alors relayé par les humanistes, à l'image de Johann Turmair qui écrivait au début du XVIe siècle : « Les Français sont foncièrement hostiles à la nation allemande. » Ou son contemporain, le théologien alsacien Thomas Murner, qui dénonçait déjà les ambitions territoriales du royaume en Alsace : « Dieu est offensé quand Strasbourg est revendiqué par les Français. »

Thomas Murner était catholique, comme l'empereur Maximilien. Ce qui ne signifie pas que les luthériens étaient en retrait de ce sursaut national. Au contraire. La rigueur de la doctrine de Luther – la souveraineté de la grâce sur le libre arbitre, la soumission au pouvoir dans le « royaume terrestre » – était antinomique de l'esprit de liberté de l'humanisme. Cependant, s'il était un terrain où les deux courants de pensée pouvaient se rejoindre en Allemagne, c'était le terrain national, qui induisait le rejet de la Rome des papes et de l'universalisme catholique. À preuve, le patriotisme agressif de l'humaniste Ulrich von Hutten, ami de Luther. Dans son *Arminius*, Hutten dressait le portrait du champion d'une Allemagne libérée du joug étranger, héros du sentiment national allemand. Ainsi se forgeait dans la société allemande un socle patriotique, voire nationaliste, où se rejoignaient humanistes et luthériens. Certes, la cible de Luther était l'Église de Rome, non pas le royaume de France. Certes, nous l'avons vu, les rois de France ont été les alliés objectifs des princes protestants et ont exploité la Réforme luthérienne pour contrer l'empire, et ils continuèrent à le faire durant la guerre de Trente Ans. La France y gagna l'émiettement de l'empire et l'établissement de sa propre hégémonie en Europe pour près d'un siècle. Mais la France a participé, sans le vouloir, à l'établissement en Allemagne d'un courant de pensée qui, pour une part au moins, nourrira le nationalisme allemand et participera à l'essor du militarisme prussien. Avec tous les malentendus, les incompréhensions, les conflits que cette confluence paradoxale entraîna entre les deux pays et les deux sociétés. Avec les flambées de germanophobie et de gallophobie qu'elle provoqua des deux côtés du Rhin.

La Réforme, événement fondateur

Les révolutions sont marquées à jamais par l'événement originel qui les a fait éclore. L'événement dont est née la Réforme, la grande révolution allemande, fut, en 1517, la révolte du moine Martin Luther contre les indulgences vendues par Rome pour financer les travaux de la basilique Saint-Pierre. Cette révolte était de nature à la fois matérielle et spirituelle, politique et religieuse, une dualité permanente de la Réforme, toujours présente dans un des quatre principaux textes doctrinaires de Luther, la lettre adressée trois ans plus tard *À la noblesse chrétienne de la nation allemande sur l'amendement de l'État chrétien*. Cette lettre, qui « n'est autre chose qu'un programme complet de nationalisme à la fois religieux et politique [1] », invitait les princes à réformer l'Église et à affranchir l'Allemagne de l'administration fiscale de la Curie romaine et de la tutelle

---

1. Edmond Vermeil, *L'Allemagne, essai d'explication*, *op. cit.*, p. 98.

spirituelle du pape. Luther le répéta toute sa vie : « C'est pour les Allemands que je suis né et c'est à eux que je me suis dévoué [1]. »

Ce caractère national allemand n'a cessé de s'amplifier dans la vie et la doctrine de Luther, qui prit toujours le parti des princes allemands contre l'empereur et le pape. Et c'est ce qui lui évita à plusieurs reprises la prison et même le bûcher durant les premières années de sa révolte. En 1520, le moine réfractaire avait eu l'incroyable audace de brûler à Wittenberg la bulle papale condamnant ses écrits sur un bûcher dressé à l'endroit où l'on détruisait habituellement par le feu les habits des morts de la peste. Rome répliqua par une bulle d'excommunication. Ce qui signifiait, s'il ne se rétractait pas, l'extradition et le passage devant un tribunal ecclésiastique qui l'aurait certainement envoyé au bûcher. Luther y échappa grâce aux princes allemands qui avaient obtenu du nouvel empereur, Charles Quint, qu'aucun Allemand ne pût être cité devant un tribunal situé hors de l'empire. La Diète d'Empire avait reçu qualité pour « s'ériger en tribunal dans cette question de foi » et Luther bénéficiait d'un sauf-conduit impérial de vingt et un jours pour se présenter en avril 1821 devant Charles Quint et la Diète réunis à Worms. Au retour de Worms, où il avait refusé de se rétracter, il était sur le point de perdre la protection du sauf-conduit impérial, lorsqu'il fut « attaqué » dans la forêt par un groupe de cavaliers qui l'emmenèrent au château de la Wartburg où le prince-électeur de Saxe le cacha sous le nom du che-

---

1. Hellmut Diwald, *Luther*, trad. de l'allemand par Claude Greis, Paris, Seuil, 1986, p. 9.

valier Georges, « Junker Georg ». Les princes allemands veillaient.

C'est au château de la Wartburg que Luther traduisit en allemand le Nouveau et l'Ancien Testament. De telles traductions existaient déjà, mais elles avaient été réalisées à partir de la version latine de la Vulgate. Junker Georg, lui, travaillait à partir des textes grecs et hébreux. Surtout, il avait décidé d'adopter une langue alliant l'élégance de la cour de Saxe à la vigueur du langage populaire, fournissant ainsi le premier modèle de l'allemand moderne, le « haut allemand » :

> La langue luthérienne se répandit dans toute l'Allemagne et servit partout de langue littéraire. Le style de Luther et de ce vieux livre sont une source éternelle de rajeunissement pour notre langue. Toutes les expressions et toutes les tournures qu'on trouve dans la Bible de Luther sont essentiellement allemandes, les écrivains peuvent toujours les employer ; et, comme ce livre est dans les mains des classes les plus pauvres, elles n'ont pas besoin de leçons savantes pour s'exprimer dans une forme littéraire. Luther a créé la langue allemande [1].

Ainsi s'enthousiasmait au XIXᵉ siècle le poète Heinrich Heine, qui voyait en Luther

> l'homme le plus allemand qui se soit jamais montré et dont le caractère réunit au plus haut degré toutes les vertus et tous les défauts des Allemands […]. C'était à la fois un rêveur mystique et un homme d'action. Il parlait et, chose rare, il agissait aussi ; il fut à la fois la langue et l'épée de son temps [2].

---

1. Heinrich Heine, *De l'Allemagne* [1855], Paris, Gallimard, 1979, p. 59.
2. *Ibid.*, p. 69.

En fixant et en unifiant la langue allemande, en rendant la Bible accessible à tous et en établissant une religion en rupture avec l'universalisme catholique, Luther, réformateur religieux, faisait œuvre de politique : il esquissait les traits de l'Allemagne moderne et nourrissait chez les Allemands le sentiment de leur identité et la promesse de leur unité.

La Bible de Luther connut un énorme succès de librairie : il y eut, jusqu'à la mort de l'auteur, cent cinquante réimpressions pour toute l'Allemagne, et cent mille exemplaires pour les seules presses de Wittenberg. Gutenberg avait bien mérité de Luther. Car sans son invention, la lettre *À la noblesse allemande* n'aurait pu être vendue à quatre mille exemplaires en six jours, ce qui était absolument inédit. Sans l'imprimerie, selon la belle formule de Victor Hugo dans *Notre-Dame de Paris*, « la Réforme n'eût été qu'un schisme. L'imprimerie l'a faite révolution. Ôtez la presse, l'hérésie est énervée. Que ce soit fatal ou providentiel, Gutenberg est le précurseur de Luther. »

Le monde des deux royaumes

Sauvé par les princes, ou par certains d'entre eux, tel l'électeur de Saxe, Luther sut les remercier. La théorie luthérienne des deux royaumes, qui fait cohabiter l'Église invisible, intériorisée, et le pouvoir temporel qui vient aussi de Dieu, est toute en faveur des princes à qui les fidèles doivent obéissance. Dans sa lettre *À la noblesse allemande*, Luther ne précisait-il pas : « La souveraineté temporelle est devenue un membre du corps spirituel. Et quoique son œuvre soit charnelle,

elle relève pourtant de l'état spirituel. Aussi doit-elle s'exercer librement, châtier et agir sans qu'on l'en empêche » ? Dans le royaume terrestre, l'individu doit obéir car cela signifie se conformer à l'autorité divine. Les princes devenaient au fond les évêques de leur territoire : « Ils captent au profit de leur souveraineté encore incertaine les énergies toutes fraîches que leur apporte la Réforme [1]. » Les princes avaient en effet toute autorité sur les consistoires, les pasteurs et les biens ecclésiastiques, et cette autorité pouvait être déléguée dans les paroisses à l'aristocratie locale. La comtesse Marion Dönhoff, issue d'une grande famille de junkers en Prusse orientale (devenue après la Seconde Guerre mondiale directrice du journal *Die Zeit* à Hambourg), explique dans ses Mémoires que son père « patronnait » ainsi trois paroisses, ce qui lui donnait « le droit de choisir le pasteur [2] ».

Précisons que la Prusse, en tant qu'État temporel, fut une création de Luther : le grand maître de l'ordre des Chevaliers teutoniques, un ordre mi-religieux mi-militaire, était venu demander conseil à Luther sur un projet de réforme de l'ordre et de son domaine, lequel correspondait à peu près à ce que sera la Prusse orientale. Luther lui répondit qu'il n'y avait rien à réformer, qu'il fallait simplement supprimer l'ordre et transformer ses territoires d'Europe orientale en État temporel. Ce qui fut fait en 1525 sous le nom de duché de Prusse après que le grand maître et la plupart des chevaliers

---

1. Edmond Vermeil, *L'Allemagne, essai d'explication, op. cit.*, p. 101.

2. Comtesse Marion Dönhoff, *Une enfance en Prusse orientale*, Paris, Albin Michel, 1990, p. 26.

se furent mariés conformément à l'exhortation de Luther « aux seigneurs de l'ordre teutonique pour qu'ils s'abstiennent de toute fausse chasteté et qu'ils aient recours à la juste chasteté du mariage[1] ».

La prééminence des princes allemands était enfin inscrite dans la paix d'Augsbourg, conclue en 1555 entre catholiques et luthériens sous les auspices de Ferdinand d'Autriche, le frère de Charles Quint. La liberté de culte était accordée aux luthériens et aux catholiques, ce qui signifiait que les calvinistes, dont l'influence s'étendait à la fois dans l'empire et en France, en étaient encore exclus. De plus, elle s'appliquait selon le principe *Cujus regio, ejus religio* : dans chaque territoire de l'empire, la pratique d'une seule religion était autorisée, celle du prince local. Quiconque ne partageait pas sa religion devait se convertir ou partir (en emportant ses biens).

Les princes avaient confisqué le pouvoir des évêques. L'État avait absorbé l'Église. Et dans le sens d'un conservatisme social radical. La répression de la guerre des Paysans fut la terrible démonstration du traditionalisme politique de Luther. En mai 1525, une révolte des paysans du Sud de l'Allemagne éclata contre les seigneurs et les abbayes qui les exploitaient. Comme souvent les mouvements populaires, celui-ci était imaginatif et prit comme symbole, par opposition à la botte des chevaliers, le *Bundschuh*, le soulier des pauvres en cuir de bœuf qui se fermait par des lanières disposées en croix. Le mouvement se distinguait d'une jacquerie classique par sa dimension religieuse : les paysans invoquaient les sermons de Luther sur « l'amélioration de l'état de chrétien » pour appuyer leurs

---

1. Hellmut Diwald, *Luther, op. cit.*, p. 261.

revendications et réclamaient le droit de choisir leurs pasteurs. Leur chef était un prêtre catholique passé à la Réforme, Thomas Münzer, qui tenait des discours révolutionnaires : « Les paysans sont de pauvres gens. Ils ont passé toute leur vie à se priver afin que les tyrans se remplissent la panse. La puissance des princes touche à sa fin, et bientôt elle passera aux mains du pauvre peuple. Les gens ont faim [1]. »

Comment Luther réagit-il à un mouvement qui mobilisa plus de trois cent mille paysans se réclamant de ses prêches et concluant son programme revendicatif par ce douzième article : « Les paysans se déclarent prêts à abandonner tout ou partie de leurs revendications si l'on peut démontrer qu'elles sont incompatibles avec la parole de Dieu » ? Allait-il accepter le rôle de médiateur que suggérait cet article ? Le réformateur semble avoir hésité un moment avant de basculer dans le camp de la répression et de choisir les princes contre les paysans, le pouvoir en place contre le peuple en mouvement. Il le fit avec sa passion habituelle en publiant le pamphlet le plus sanguinaire de l'histoire allemande jusqu'à l'époque de l'hitlérisme : *Contre les hordes meurtrières pillardes des paysans.* Deux extraits suffisent à en donner le ton et l'esprit : « Un prince et seigneur doit songer qu'il est l'officier de Dieu et le serviteur de sa colère (Romains, 13,4), que le glaive lui a été remis pour qu'il s'en serve contre des coquins de ce genre. » « C'est pourquoi, chers seigneurs, poignardez ! Pourfendez ! Tuez à qui mieux mieux [2] ! »

---

1. Cité par Emil Ludwig dans *Histoire des Allemands*, Paris, Flammarion, 1941-1948, t. 1, p. 85.
2. Hellmut Diwald, *Luther*, *op. cit.*, p. 273.

L'appel au meurtre fut entendu et la répression fut terrible. Des dizaines de milliers de paysans furent abattus comme des bêtes par des troupes de lansquenets. Des centaines eurent les yeux crevés. À d'autres, on trancha à la hache les doigts qui leur avaient servi à prêter serment sur les douze articles. Un bourreau se vanta d'avoir exécuté mille deux cents captifs à lui seul. Thomas Münzer, prisonnier, mourut sous la torture. Ce qui fera de lui, bien tardivement, un des héros de la gauche allemande salué au XIXe siècle par Heine, puis par Friedrich Engels. En 1850, le compagnon de Karl Marx consacra un ouvrage à *La Guerre des Paysans en Allemagne*, qui commence par cette phrase : « Le peuple allemand a lui aussi sa tradition révolutionnaire [1]. »

Des clichés moribonds

L'alliance du trône et de l'autel induite par la théorie des deux royaumes fut au cœur du système prussien, puis du Deuxième Reich jusqu'en 1918. Elle explique pour une large part l'attitude des protestants allemands face à un régime nazi se revendiquant pourtant athée. L'Église catholique, on le sait, accepta des compromis avec le régime par instinct de survie, de conservatisme et en vertu de cette propension à voir dans Hitler un rempart contre le bolchevisme, ce qui n'empêcha pas la naissance de groupes de résistance, tel La Rose blanche. L'Église évangélique allemande eut aussi ses résistants mais, rappelle l'historien germaniste Roland

---

1. Cité dans *Allemagne d'aujourd'hui*, juillet-septembre 2005, n° 173, p. 173.

Edighoffer, « la doctrine des deux royaumes avait conduit beaucoup de pasteurs et un nombre important de fidèles à se soumettre sans broncher aux erreurs et aux horreurs de la dictature nazie, conformément aux instructions de l'apôtre Paul : "Celui qui s'oppose à l'autorité se rebelle contre l'ordre voulu par Dieu[1]." » Aux élections synodales de 1933, la *Reichskirche*, l'Église du Reich, dominée par les nazis, l'a ainsi emporté dans toutes les églises luthériennes des régions du Nord et du Centre de l'Allemagne, excepté Hanovre. À l'évidence, le culte de l'obéissance prôné par Luther a eu sa part de responsabilité dans l'incroyable fidélité du peuple allemand à un régime criminel et condamné à la défaite dès 1943.

Il a fallu attendre 1945 pour que les dirigeants du protestantisme rompent officiellement avec la Reichskirche du Troisième Reich et fondent l'Église évangélique d'Allemagne, l'EKD. Il n'est plus question désormais de soumettre le spirituel au temporel. En Allemagne de l'Ouest, les protestants n'ont pas hésité à critiquer la jeune République fédérale accusée d'être trop catholique et trop occidentale. Le pasteur Martin Niemöller, pourtant symbole de la résistance au nazisme, reprochait ainsi de façon imagée à l'Allemagne d'Adenauer « d'avoir été conçue à Rome et d'être née à Washington ». À l'Est, les protestants ont été au premier rang des manifestations populaires qui finirent par avoir raison du régime communiste à l'automne 1989. C'est à l'intérieur et devant l'église Saint-Nicolas de Leipzig que, chaque lundi soir, des dizaines de milliers

1. Roland Edighoffer, « Églises et société en RFA et RDA », *Allemagne d'aujourd'hui*, janvier 2011, n° 109, p. 217.

de personnes participaient à la « prière pour la paix » avant de défiler sur le *Ring* aux cris de « Nous sommes le peuple » ou « Liberté pour la RDA ». Ces diverses manifestations montrent qu'en Allemagne, les religions et l'État songent également à divorcer, même si une séparation à la française n'est pas à l'ordre du jour.

Faut-il également attribuer à l'influence du luthéranisme, qualifiée parfois de « religion de la servilité [1] », ce sens du travail et de la discipline des Allemands, à la fois admiré, jalousé et moqué par les Français ? L'image de l'Allemand acharné au travail apparaît déjà sous la plume de Mme de Staël : « La puissance du travail est l'un des traits distinctifs de la nation allemande [2]. » Était-ce un cliché ? Qui dans le monde aujourd'hui ne reconnaît la capacité de travail d'un pays devenu premier exportateur mondial ? Les Allemands n'acceptent-ils pas de travailler jusqu'à soixante-sept ans alors que la majorité des syndicats français récuse le jugement de la démographie et les lois de l'allongement de la durée de la vie ? En revanche, Mme de Staël s'est fait l'écho d'autres clichés, toujours vivaces, mais beaucoup moins vérifiés ou en passe d'obsolescence. Elle évoquait ainsi « la lenteur et l'inertie du peuple allemand » ou pouvait affirmer : « Les Allemands exécutent les ordres comme s'il s'agissait d'un devoir [3]. » Des Allemands lents et inertes ? Des exemples guerriers de triste mémoire suffiraient à infirmer ce rapide jugement d'une grande dame qui confondait le

---

1. Emil Ludwig, *Histoire des Allemands, op. cit.*, p. 88.
2. Mme de Staël, *De l'Allemagne*, Paris, Charpentier, 1859, p. 36.
3. *Ibid.*, p. 36.

travail d'un peuple avec la vie de salon. Il existe aujourd'hui des idées plus justes, telles la créativité de la recherche scientifique allemande et la rapidité du redressement du pays au lendemain du désastre de 1945, de l'heure zéro, *die Stunde Null.*

Mais le cliché, que l'on ne cesse de retrouver en France, de l'Allemand discipliné, respectueux de l'ordre établi et de l'*Obrigkeit* (« autorité ») a beaucoup vieilli. Certes, quel Français voyageant en Allemagne n'a pas observé, stupéfait, les piétons s'interdisant de traverser au feu rouge alors qu'aucune voiture n'apparaît à l'horizon ? Ou quel élève séjournant dans une famille allemande n'a constaté avec surprise que les heures des repas et du coucher fixées par les parents n'avaient rien de théorique ? Les Allemands sont sûrement plus disciplinés que les Français, mais aujourd'hui le climat à l'école, dans les bureaux et les ateliers est beaucoup plus détendu qu'autrefois. La Bundeswehr ne compte plus dans ses rangs de caporal Himmelstoss, personnage du roman d'Erich Maria Remarque, *À l'Ouest rien de nouveau*, qui imposait aux jeunes recrues de l'armée impériale l'humiliant dressage à la prussienne, le *Drill*. Il est fini le temps où les Allemands pouvaient affirmer avec Luther : « Quand l'autorité d'État dit : deux et deux font huit, il faut le croire, même contre toute évidence. »

Chapitre 3

LES RISQUES DU FÉDÉRALISME ALLEMAND

Le 26 octobre 1648 étaient signés les traités d'Osnabrück et de Münster qui scellaient ce que les historiens appellent la paix de Westphalie. Cette paix mettait fin aux plus longues négociations de l'histoire diplomatique européenne, qui elles-mêmes mettaient un terme à la plus longue guerre qu'avait connue le continent : la guerre de Trente Ans. Amorcée par un conflit entre l'empereur catholique et ses sujets tchèques, protestants, la guerre s'était progressivement muée en une guerre allemande mettant aux prises catholiques, luthériens et calvinistes au sein du Saint Empire, puis en guerre européenne avec, successivement, l'intervention de l'Espagne, du Danemark, de la Suède et de la France. Trente années durant, l'Allemagne fut parcourue en tous sens par des armées de mercenaires aux ordres de l'empereur, de princes locaux ou de puissances étrangères. Elle en sortit dévastée et exsangue, ayant perdu près de 40 % de sa population.

Les Allemands ont une excellente mémoire historique : ils n'ont pas oublié ce désastre. Lors de la crise des euromissiles qui eut lieu dans les années 1980, les pacifistes ouest-allemands interpellaient la population en affirmant que le territoire allemand serait la cible privilégiée, voire unique, d'une guerre nucléaire menée avec ces armes de moyenne portée. « Comme lors de la guerre de Trente Ans », ajoutaient-ils. Les Allemands n'ont pas oublié non plus le rôle capital qu'a joué la France dans la guerre de Trente Ans. Ils savent que Richelieu, puis Mazarin, poursuivaient deux objectifs : empêcher l'empereur de donner à l'Allemagne une organisation monarchique centralisée, à l'image de celles de la France et de l'Espagne, c'est-à-dire de réaliser l'unité allemande. Et repousser la frontière française vers l'est, ou le Rhin. Or les deux cardinaux avaient atteint leur objectif, puisque les traités de Westphalie marquaient le début de la suprématie française sur une Allemagne plus morcelée que jamais. La paix de Westphalie a ainsi entraîné une profonde modification de la manière dont chaque pays se percevait. En Allemagne, l'humiliation subie amorça une réaction gallophobe que les guerres de Louis XIV ne firent qu'accroître. En France, la victoire donna naissance à un sentiment de supériorité, de mépris, qui ne disparut au XIXe siècle que pour être remplacé par une vague de germanophobie.

À Münster et à Osnabrück, les vainqueurs ne péchèrent pas par excès de modestie ni de discrétion. D'abord, ils exigèrent que les négociations se tiennent dans deux villes différentes pour éviter des querelles de préséance entre les délégations française et suédoise, et pour que chacun puisse mener ses propres négociations. Les Suédois s'installèrent dans la ville protestante d'Osnabrück. Les Français dans celle de Münster, redevenue catholique un siècle plus tôt après que l'évêque eut écrasé dans le sang la Nouvelle Sion installée par un groupe d'anabaptistes exaltés, une sorte de dictature protocommuniste qui imposait le partage de tous les biens, femmes comprises. La dualité des lieux ne facilitait pas les négociations, mais personne n'était pressé. Le tour que prenaient les combats qui ne connaissaient pas d'armistice dictait l'évolution des discussions : chaque belligérant espérait emporter la bataille décisive. « La guerre est la continuation de la politique par d'autres moyens [1] », a dit Clausewitz. À Münster, guerre et politique ne cessaient de s'épauler.

Le Congrès s'amuse

Autre raison expliquant la lenteur de la signature de ces accords de paix : toute l'Europe s'était donné rendez-vous à Münster ou à Osnabrück. La France, la Suède et l'Empire, évidemment, mais chaque pays qui comptait ou voulait compter y avait envoyé un ambassadeur : la république de Venise et la papauté qui servaient de médiateur, l'Espagne, le Danemark, les Provinces-Unies et tous les princes allemands. Seuls le roi d'Angleterre, le tsar et le sultan n'avaient pas fait la dépense.

C'était ce que les diplomates européens appelleront plus tard un « congrès ». Et comme à Vienne au lendemain de la chute de Napoléon, « le Congrès s'amuse [2] ». Au cœur d'une Allemagne en ruines, Français et

---

1. Carl von Clausewitz, *De la Guerre* [1832], trad. de l'allemand par Laurent Murawiec, Paris, Perrin, 1999, p. 46.
2. D'après le titre du film d'Erik Charell et Jean Boyer, sorti en 1931.

Suédois rivalisaient d'apparat. L'ambassadeur suédois, Jean Oxenstiern, ne sortait que dans le carrosse officiel de la reine Christine accompagné d'une escorte théâtrale au son de cymbales. Mais rien n'égalait le luxe affiché par les Français. Surtout lorsque la duchesse de Longueville vint rejoindre son mari, membre de la délégation dépêchée par Mazarin. Isabelle de Broglie nous a livré le récit pittoresque de l'arrivée de la sœur du Grand Condé :

> Les deux trompettes de la délégation française ouvrent la marche, suivis d'un groupe de pages et de gentilshommes qui précèdent, sous la livrée « chamarrée d'argent » du duc de Longueville, les vingt-quatre pages et les quarante gentilshommes de sa maison ; les Suisses viennent ensuite, avec leurs pittoresques costumes ; puis, annoncé par quatre autres trompettes, le carrosse du duc et de la duchesse que traînaient six chevaux et qu'entouraient trente valets de pied ; les gardes du duc suivaient, puis un cortège de nombreux carrosses [1].

En réalité, le Congrès ne fit pas que s'amuser durant les quatre années de négociation. Il alla même jusqu'à créer une sorte de Constitution (les juristes du temps ont employé le mot) pour l'Europe nouvelle enfantée par la guerre de Trente Ans. Une Constitution que l'on peut qualifier de fondamentalement française et antiallemande à plusieurs titres. D'abord, la France reculait sa frontière jusqu'au Rhin grâce à l'annexion de l'Alsace, qui venait s'ajouter à la reconnaissance juridique définitive de l'acquisition des Trois-Évêchés. La France franchissait même le Rhin pour la première fois

---

1. Isabelle de Broglie, *Le Traité de Westphalie*, Beaune, La Toison d'Or, 1942, p. 145.

en obtenant sur la rive droite du fleuve la ville de Brisach et l'autorisation de maintenir une garnison à Philippsbourg. En 1659, ces conquêtes territoriales furent complétées par le traité des Pyrénées, par lequel l'Espagne cédait à la France l'Artois et le Roussillon.

S'il y a deux façons d'asseoir sa position dans un rapport de forces – accroître ses propres moyens ou réduire ceux de l'adversaire –, la paix de Westphalie permit à la France d'avoir les deux. Outre les cessions de territoires à la France à titre de « récompenses » (tel était le mot de l'époque) pour compenser ses frais de guerre, l'empereur dut accepter la sortie des Provinces-Unies du cercle de Bourgogne, c'est-à-dire de l'empire, et reconnaître la pleine indépendance des cantons suisses.

Enfin, l'Allemagne se retrouvait plus divisée que jamais, alors que la guerre de Trente Ans était née de la volonté de Vienne d'instaurer une monarchie centralisée suivant le modèle français ou espagnol. Or les traités de Westphalie redéfinissaient les rapports entre l'empereur et les princes territoriaux en la faveur de ces derniers, qui devenaient des chefs d'État presque indépendants : ils avaient le droit de conclure entre eux et avec les puissances étrangères des traités « pour leur conservation et sûreté réciproque ». À la seule condition, minimale, que ces traités ne soient pas dirigés contre l'empereur.

L'empereur n'avait plus qu'un vain titre, et l'empire était devenu une confédération très lâche d'États souverains, une mosaïque comprenant 8 princes-électeurs, 69 princes ecclésiastiques, 96 princes séculiers et 61 villes, en tout 234 unités territoriales. Comble de l'humiliation, cette division de l'Allemagne, soigneusement organisée, était placée sous le contrôle de la France et de la Suède (laquelle sera remplacée au siècle suivant par la Russie). Suivant une des plus jolies antiphrases jamais inventées par la diplomatie française, les deux États étaient reconnus garants des « libertés germaniques », avec un droit légitime d'intervenir militairement si elles étaient menacées, autrement dit de bloquer toute velléité de restaurer l'unité allemande.

Faut-il s'étonner que les Français aient longtemps salué les traités de Westphalie, socle du droit public européen sous l'Ancien Régime, comme le « chef-d'œuvre diplomatique » qui résolvait la question allemande ? En 1866, dénonçant les dangers de la politique des nationalités menée par Napoléon III, Adolphe Thiers rappela à la tribune de l'Assemblée que « le plus grand principe de la politique européenne était que l'Allemagne fût composée d'États indépendants, liés entre eux par un simple lien fédératif. Ce principe a été proclamé par toute l'Europe au congrès de Westphalie ». La thèse fut abondamment reprise par l'historien nationaliste Jacques Bainville, qui y ajoutait volontiers une note de germanophobie. Pour ce dernier, les traités de Westphalie avaient « résolu le problème allemand en entretenant les divisions intérieures de l'Allemagne, en la rendant politiquement impuissante et en la restituant ainsi à cette forme de génie propre qui est de travailler et de rêver paisiblement [1] ». Même le socialiste Proudhon a vanté dans ces traités « l'expression supérieure de la justice identifiée avec la force des choses ». Il est donc normal que les Allemands aient interprété ces mêmes traités

---

1. Jacques Bainville, *L'Allemagne*, Paris, Plon, 1939, p. 10.

comme la codification aussi habile qu'hypocrite de l'impérialisme antiallemand des Français.

Germanophobie ou austrophobie

Qui gagne est moins sévère. Tant que la France domina, les Français furent moins germanophobes qu'indifférents à leurs voisins, ou moqueurs vis-à-vis de leur lourdeur d'esprit volontiers opposée à la finesse française – topos persistant apparu dès le temps des croisades, renforcé par le contraste entre une Allemagne dévastée par la guerre, sans capitale politique et culturelle, et une France victorieuse entrée dans l'âge classique et mirant bientôt sa richesse et sa puissance dans les glaces de Versailles. Les seules régions françaises qui trahirent une germanophobie active à la fin du XVIIᵉ siècle sont celles de l'Est et du Nord de la France, ravagées, au temps de la Fronde, par des bandes de mercenaires allemands, notamment celle du général allemand d'Erlach, qui sévit en Champagne et en Thiérache. Cette troupe de la guerre de Trente Ans, passée cn France, comptait environ treize mille hommes, et une suite de deux mille concubines, servantes et valets. Sa sauvagerie a laissé de tels souvenirs qu'au début du XXᵉ siècle encore, on qualifiait dans les Ardennes du nom de *derlaque* un homme brutal et violent sans raison. Un exemple suffit à illustrer la cruauté de cette bande : dans un village des Ardennes, les soldats d'Erlach, luthériens dans leur immense majorité, « s'emparent d'une chèvre, la coiffent du bonnet d'une vieille femme qu'ils ont tuée, la mettent dans le lit et vont chercher le curé pour lui administrer les derniers sacrements de l'Église catholique. Le curé s'aperçoit de l'indigne comédie et, sur son refus, est mis à mort avec toutes sortes de cruautés [1]... »

Le reste du royaume, surtout Paris, était plus préoccupé par la cherté de la vie et par l'augmentation constante des impôts que par l'acquisition de l'Alsace. Et la Fronde parlementaire se développa en 1648 alors même qu'était conclue la paix de Westphalie si favorable à la France. Le discours tenu au parlement de Paris le 15 janvier 1648 devant Louis XIV enfant et la régente par l'avocat général Omer Talon en témoigne : « Tout ce que nous pouvons dire à Votre Majesté c'est que ses victoires et ses conquêtes ne diminuent en rien la misère de ses peuples ; qu'il y a des provinces entières où l'on ne se nourrit que d'un peu de pain d'avoine et de son, que les palmes et les lauriers ne sont point comptés parmi les bonnes plantes, puisqu'elles ne produisent aucun fruit qui soit bon pour la vie [2]. » La reine mère ne répondit rien, et si le petit roi, qui n'avait pas dix ans, se mit à pleurer, c'est parce qu'il avait oublié ce qu'il devait dire aux parlementaires assemblés...

Sauf en cas de circonstances singulières et régions particulièrement frappées par la guerre, l'Ancien Régime a peu connu la germanophobie proprement dite, c'est-à-dire la haine, du moins la détestation de ce qui est allemand parce qu'il est allemand. Il était surtout question de rivalités dynastiques entre la famille des Habsbourg et celle des Bourbons, ce que l'on appe-

---

1. Alphonse Feillet, *La Misère au temps de la Fronde et de saint Vincent de Paul ou Un chapitre de l'histoire du paupérisme en France*, Paris, Didier, 1862, p. 143.
2. Isabelle de Broglie, *Le Traité de Westphalie, op. cit.*, p. 181.

lait alors la maison d'Autriche et la maison de France. Pour autant, peut-on affirmer avec l'historien allemand Carlrichard Brühl que « tout cela était affaire de princes, sans qu'intervînt aucune animosité populaire [1] » ? En tout cas, ce le fut de moins en moins à partir de la fin du XVIIᵉ siècle, à cause de la multiplication des guerres de Louis XIV.

Qui perd devient hargneux. Plus ces guerres devenaient difficiles et coûteuses, plus l'opinion publique française se faisait hostile à la maison d'Autriche. Les Français ne pardonnaient pas aux Habsbourg les sacrifices qu'ils avaient dû s'imposer en 1709 pour tenir tête à une coalition européenne animée par Vienne, dont l'objectif était de replacer un Habsbourg sur le trône d'Espagne en place du petit-fils de Louis XIV. Signe de la naissance de l'opinion publique et de son intervention en politique étrangère, les Français, surtout les Parisiens, restèrent réfractaires aux tentatives de Louis XIV à la fin de son règne de se rapprocher de l'Autriche. Le vieux roi avait compris que l'ennemi de l'Est n'était plus les Habsbourg de Vienne, mais les Hohenzollern de Berlin, et c'est après une longue résistance que la France dut reconnaître par les traités d'Utrecht de 1713 l'érection du duché de Prusse en royaume. Mais l'opinion publique, en retard d'une bataille, demeurait austrophobe. Cinquante ans plus tard encore, les Parisiens se montraient hostiles au renversement des alliances réalisé par Choiseul et symbolisé par le mariage du futur Louis XVI avec l'archiduchesse Marie-Antoinette, celle qu'ils appelleraient bientôt « l'étrangère » ou « l'Autrichienne » (en

---

1. Carlrichard Brühl, *Naissance de deux peuples*, *op. cit.*, p. 306.

accentuant la troisième syllabe). Durant la Première Guerre mondiale, un jeu de mots similaire associait l'Allemand et l'Autrichien, déformés en « l'Allemand et l'autre chien ». Il est vrai que, pour les Français de l'époque, les Autrichiens étaient des Allemands, et la maison d'Autriche a longtemps personnifié la menace germanique.

La francophobie explose

En dépit de ce que révèlent ces anecdotes, c'est surtout « de l'autre côté » que la guerre de Trente Ans puis celles que mena Louis XIV ont nourri un sentiment antifrançais inconnu jusque-là et qui n'a pas totalement disparu.

La paix de Westphalie a toujours été interprétée outre-Rhin comme un instrument français destiné à empêcher l'unité allemande et a laissé des traces profondes. Le traité de Versailles de 1919 fut surnommé « la deuxième paix de Westphalie », et effacer l'une et l'autre fut un des objectifs obsessionnels du régime nazi. Hitler, qui établissait un parallèle entre la guerre de Trente Ans et la séquence 1914-1939, avait même prévu un second traité de paix à Münster, qui aurait annulé le premier. Les nazis avaient également envisagé d'organiser à Münster une grande exposition thématique sur la continuité de l'hostilité franco-allemande pour le troisième centenaire du traité de Westphalie. Mais l'homme propose et le dieu de la guerre dispose : le 28 octobre 1944, l'hôtel de ville de Münster, vieux de six cents ans, qui avait accueilli trois cents ans plus tôt les plénipotentiaires de la paix de Westphalie, s'écroulait. Et en 1948 la vieille ville historique, détruite à 90 % par les bombardements alliés, ne songeait qu'à sa reconstruction.

Plus encore que la paix de Westphalie, qui était une affaire de dirigeants, ce qui marqua le plus profondément la mémoire allemande jusqu'à nos jours, ce sont les guerres de Louis XIV sur le territoire allemand. Les historiens s'accordent sur ce point. Le Suisse Emil Ludwig y voit « l'origine de la haine fatale entre la France et l'Allemagne [1] », tandis que l'historien de la diplomatie Jacques Droz indique que c'est à partir de la guerre de succession d'Espagne (1676-1678) que « les libellistes allemands appliquent à leur voisin de l'Ouest la dénomination d'ennemi héréditaire jusque-là réservée aux Turcs [2] ».

Louis XIV, il est vrai, a tout fait pour être détesté de ses voisins de l'Est. La révocation de l'édit de Nantes et le sort réservé aux huguenots scandalisaient les protestants allemands, même si la fuite des huguenots permettait de repeupler la Prusse et Berlin : quel était donc ce roi qui refusait à ses propres sujets la liberté religieuse qu'il était allé soi-disant défendre en Allemagne durant la guerre de Trente Ans ? Quel était ce monarque qui pratiquait une politique annexionniste violant allègrement la lettre et l'esprit des traités de Westphalie fondés sur le droit international et l'égalité juridique de tous les États, grands et petits ?

Comble du cynisme, c'est au nom de ces mêmes traités que Louis XIV pratiquait la politique dite « des

---

1. Emil Ludwig, *Histoire des Allemands, op. cit.*, p. 122.
2. Jacques Droz, *Histoire diplomatique de 1648 à 1919*, Paris, Dalloz, 1952, p. 56.

réunions » pour agrandir son pré carré. Le concept avait été mis au point par les juristes français sur ordre du roi. Les traités de Westphalie, ainsi que celui de Nimègue, qui mit un terme en 1678 à la guerre de Hollande, précisaient que les territoires cédés à la France l'étaient « avec leurs dépendances ». Dans l'esprit des négociateurs, il s'agissait bien sûr des dépendances à la date de la signature des traités. Louis XIV l'entendit autrement et chargea des tribunaux français, dits « Chambres de réunion », d'identifier les contrées qui, à un moment quelconque de l'histoire, avaient relevé des provinces nouvellement acquises. Les « Chambres de réunion » remontèrent jusqu'aux Mérovingiens et au roi Dagobert et attribuèrent à la France, sur la rive gauche du Rhin, de nombreux territoires, seigneuries, abbayes et duchés qui furent aussitôt occupés, en pleine paix, par les troupes du roi. Certes, les territoires « réunis » hors de l'Alsace furent restitués à leurs propriétaires par le traité de Ryswick en 1697, sauf Strasbourg annexé en 1681 et reconnue définitivement française par ce traité.

Le mal était fait. Le tour de passe-passe des « réunions » avait creusé la mésentente entre les deux pays et les deux peuples, achevant de convaincre les Allemands que les Français n'avaient qu'une idée en tête, repousser le plus loin possible leur frontière orientale. Cette politique expansionniste avait une bible : le testament (contesté) de Richelieu, qui parut en 1688, suivant lequel le but du grand cardinal était de « rendre à la Gaule les frontières que lui a dessinées la nature, de rendre aux Gaulois un roi gaulois, de confondre la Gaule avec la France et partout où fut l'ancienne Gaule d'y rétablir la nouvelle ». Par définition, cette théorie des « frontières naturelles » impliquait un affrontement inéluctable entre la Gaule ressuscitée et la Germanie. À moins que les Allemands ne la fissent leur. Ce qui semble avoir été le cas de Frédéric II de Prusse, au moins ce jour de 1752 où il écrivit dans un testament destiné à son héritier : « La frontière naturelle de la France c'est le Rhin, dont le cours semble créé pour séparer les deux pays. » L'opinion, même éphémère, était surprenante sous la plume du roi de Prusse, dangereuse même dans l'esprit de Bismarck. Lisant un siècle plus tard ce manuscrit encore inédit, ce dernier écrivit en marge : « À tenir secret pour toujours [1]. »

Chaque pays a des cadavres dans ses placards. La France comme les autres. Le sac systématique du Palatinat par les armées de Louis XIV en est un que les Allemands ne manquent pas de nous rappeler à l'occasion, aujourd'hui encore. C'était au début de l'année 1699 : Louis XIV partit en guerre contre la ligue d'Augsbourg qui regroupait presque toute l'Europe contre lui. Les premiers combats de ce conflit qui dura neuf ans se déroulèrent aux Pays-Bas. Louvois décida alors de couvrir la France du côté du Rhin et donna, à cet effet, un ordre féroce : créer un désert au nord de l'Alsace, faire du Palatinat une terre brûlée. Le général de Tessé obéit avec zèle. Le pays fut dévasté, les villes et les villages rasés, les campagnes ravagées. Heidelberg, la ville de l'électeur palatin, le père de Madame, la belle-sœur de Louis XIV, fut incendié et le château, résidence des électeurs, fut miné. On peut être criminel de guerre et être bien élevé : Tessé prit soin de sauver quelques portraits de la famille de l'électeur

---

1. Emil Ludwig, *Histoire des Allemands*, *op. cit.*, p. 134.

avec l'intention de les offrir à Madame « quand elle sera un peu détachée de la désolation de son pays natal » !

La colère contre la France fut immense. Les Allemands dénoncèrent un « ennemi cruel et implacable », et il ne faisait pas bon alors être français dans les rues allemandes. Un diplomate, de passage à Ratisbonne, écrivit à son frère resté à Paris : « Vous ne sauriez croire combien la haine pour le nom de Français s'augmente [1]. » On avait rossé ses domestiques dans un cabaret, et son secrétaire, qui s'y était rendu pour apaiser la querelle, avait été reçu aux cris de « Tuons ces chiens de Français ! »

L'indignation dépassait les frontières allemandes. En témoigne un passage des *Soupirs de la France esclave qui aspire après la liberté*, libelle attribué à un pasteur calviniste français réfugié à Rotterdam, Pierre Jurieu : « Les Français passaient autrefois pour une nation honnête, humaine, civile, d'un esprit opposé aux barbaries ; mais aujourd'hui un Français et un cannibale, c'est à peu près la même chose dans l'esprit des voisins. »

C'est donc bien du temps des guerres de Louis XIV qu'il faut dater l'éclosion en Allemagne d'un sentiment antifrançais qui s'épanouira avec les guerres de Napoléon. Même les intellectuels s'en mêlaient, à l'image du philosophe et scientifique Leibniz. À travers deux mémoires d'inspiration franchement francophobe, *Réflexions sur la sécurité publique* et le *Consilium aegypticum*, Leibniz prônait la réunification de l'Allemagne et la mise à l'écart de la France, invitée à conquérir

---

1. Claude Badalo-Dulong, *Trente Ans de diplomatie française en Allemagne*, Paris, Plon, 1956, p. 195.

l'Égypte afin de détourner sa fureur guerrière de l'Europe. Un peu comme Bismarck qui, à la fin du

)ublier la ligne bleue
re colonial.

GIBERT JOSEPH
3, Place des Martyres
34000 MONTPELLIER
Tel: 04.67.66.16.60
Fax: 04.67.66.21.05

ETITE HISTOIRE DE L   2010237731057/3
                                11.70€

                    TOTAL:11.70€

                    TOTAL:11.70€

3 ART. VENDUS: 1 ART.
OTAL TTC: 11.70€

IEMENTS:
ESPECES: 20.00€
ENDU:
ESPECES: -8.30€

TAUX	HT	TVA	TTC
0%	11.70€	0.00€	11.70€

NON SOUMIS TVA 11.70€

MAG:29 TRM:2 OP:63 TKT:2409745
le 10/12/2014 a 13:28:56
Merci de votre visite
Sans ticket aucun échange ni
ne seront acceptes
Siret: 421 503 05300017
APE 524 R

istorien nationaliste
3ne à se concentrer
i est de travailler et
u compléter la défi-
1 mettant en valeur
aire au centralisme
emagne de 1648 et
conséquence répon-
voisins comme la
nces de la politique
)eut-on affirmer que
e que le centralisme
ies, les deux modes
dans les deux pays
qui, selon Fernand
: du présent et de

vie publique depuis
chacun d'entre nous
)nvénients. Le fédé-
ralisme à l'allemande, lui, est plus ancien puisque certains le font remonter aux modes d'organisation de tribus germaniques plus ou moins nomades. Alors que les quelque soixante tribus gauloises que trouva Jules

César furent rapidement regroupées en trois régions et soumises à l'organisation administrative, militaire et fiscale de Rome. « Dans leur naïveté, écrira Tacite non sans cynisme, ils [les Gaulois] appelaient civilisation ce qui constituait une partie de leur servitude. » Les Germains, en revanche, ne furent pas soumis et ne firent pas l'expérience de la centralisation romaine où tout, ou presque, remontait à Rome. Comme plus tard, en France, tout remontera à Paris. Durant le haut Moyen Âge, les habitants de l'Allemagne comme ceux de la France vivaient tous sous un régime féodal. Mais les seconds avaient gardé la nostalgie de l'âge d'or de la *pax romana*, alors que les premiers se satisfaisaient d'un système politique éclaté qui laissait exister les tributs, les *Stämme*. Qui sait que la Bavière contemporaine est fière de compter trois tribus primitives, les Bavarois, les Souabes et les Franconiens, auxquels elle a ajouté par grandeur d'âme les Sudètes, en considération des nombreux réfugiés venus de cette région de Tchécoslovaquie au lendemain de la guerre ?

Les Français n'ont eu de cesse de retrouver un pouvoir central qui les protégeât des pouvoirs féodaux. Les Allemands ont presque toujours vécu sous un régime décentralisé. Un régime très souple au temps du Saint Empire. Très lâche au lendemain des traités de Westphalie, qui firent des principautés allemandes des États presque à part entière. Très formel dans la confédération du Rhin mise en place en 1806 par Napoléon, qui était en réalité un protectorat français. Même le Deuxième Reich de Bismarck, instauré en 1871, était fédéral. Les grands États du Sud comme la Bavière, la Saxe et le Wurtemberg conservaient des armées et le droit de lever l'impôt, même si la prédominance de la

Prusse était écrasante grâce à sa puissance démographique, économique et militaire, grâce aux privilèges qui lui avaient été reconnus : le roi de Prusse était empereur, son chancelier était chancelier du Reich. Sous la république de Weimar, le Reich conserva la structure fédérale jusqu'à ce que Hitler mette au pas les Länder et que la loi du 30 janvier 1934 sur la restructuration du Reich décrète : « Les droits de souveraineté des Länder sont transférés au Reich. » Pour la première fois de son histoire, l'Allemagne devint un État-nation centralisé. Pour son malheur et pour peu de temps : en 1949, la Constitution, appelée Loi fondamentale, mise en place à l'Ouest sous les auspices des Alliés occidentaux, renouait avec le fédéralisme. Pas uniquement parce que les Alliés cherchaient à empêcher le retour d'un pouvoir central fort, assure l'historien Thomas Nipperdey : « Le fédéralisme de la République fédérale n'est pas le produit artificiel d'un projet relevant de la politique internationale ou de la science politique. Il est le résultat de sa propre histoire [1]. »

L'histoire européenne a montré à plusieurs reprises quels désaccords, quels conflits pouvaient être attisés par cette différence de culture politique et de modèle institutionnel entre la France et l'Allemagne. Les affrontements militaires qui ont meurtri le XXe siècle européen ne sont plus à craindre, espérons-le, mais des malentendus peuvent surgir entre les deux pays, notamment dans leur vision de la construction européenne : l'Allemagne projette tout naturellement sur l'Europe de demain le fédéralisme qui est au cœur de sa culture politique, alors que la France imagine difficilement

---

1. Thomas Nipperdey, *Réflexions sur l'histoire allemande*, Paris, Gallimard, 1992, p. 153.

d'abandonner ce centralisme étatique qui a fait sa force et son unité sous les rois, et a assuré l'égalité devant la loi et la laïcité de l'État sous la République. Dans ses mémoires, de Gaulle lui-même se demandait si le régime fédéral allemand ne deviendrait pas un jour la matrice de l'Europe à venir.

Plus la construction européenne avancera, plus ces distorsions risquent de s'accentuer, et c'est peut-être cette appréhension qui explique la timidité conceptuelle des dirigeants français au sujet de l'Europe depuis Maastricht. Ceux-ci redoutent les effets politiques de la suprématie économique de l'Allemagne. Mais ils craignent aussi l'abandon des conceptions françaises les plus profondes sur le rôle de l'État. Cette crainte explique l'attitude adoptée en 1994, à l'époque de la première cohabitation, aussi bien par le président Mitterrand que par son premier ministre Édouard Balladur et le président du RPR Jacques Chirac, à l'égard du document allemand sur la politique européenne dit du « noyau dur [1] ». Ce texte, rédigé par deux dirigeants du Parti chrétien-démocrate allemand alors au pouvoir, Karl Lamers et Walter Schäuble, le futur ministre des Finances d'Angela Merkel, proposait à la France une union politique européenne à réaliser en quatre ans, fondée sur un objectif et un instrument. L'objectif était de créer un « État fédéral », avec un gouvernement (la Commission de Bruxelles) et deux chambres, le parlement de Strasbourg et une Chambre des États, inspirée du Bundesrat allemand. L'instrument était la mise en place d'un « noyau dur » dont la France et l'Alle-

---

1. CDU/CSU-Fraktion, *Réflexions sur la politique européenne*, Bonn, 1ᵉʳ septembre 1994, documentation personnelle de l'auteur.

magne « constitueraient le centre » et qui aurait « pour tâche d'opposer un centre consolidé aux forces centrifuges dues à un élargissement constant, afin d'empêcher un divorce entre un groupe Sud-Ouest plus enclin au protectionnisme et dirigé en quelque sorte par la France, et un groupe Nord-Est favorable au libre-échange mondial et dirigé en quelque sorte par l'Allemagne ».

Il est difficile de ne pas admirer la prescience des auteurs, vingt ans avant les accrochages entre Angela Merkel, François Hollande et les pays du Sud, surnommés avec mépris à Berlin « les pays Club Med ». À l'époque, le gouvernement français ne daigna pas répondre à l'offre sous prétexte qu'elle n'était pas officielle. Mais lors d'un entretien privé, Jacques Chirac, bientôt candidat à la présidence, me donna la véritable raison de la froideur française : « La conception fédérale de l'Europe qui ressort du document est parfaitement conforme aux intérêts et à la culture de l'Allemagne, mais totalement inacceptable pour la France : vouloir associer dans un système fédéral des gens trop différents ne peut être fait que par un régime autoritaire [1]. » Le document Lamers-Schäuble ne convenait sans doute pas à la France, mais pourquoi ne pas y avoir répondu par des propositions françaises ? Pour imposer ses idées, il faut d'abord en avoir.

La logique européenne est allemande

L'axiome est d'autant plus vrai que, sauf implosion, la machine européenne est en marche, avec sa propre

---

1. Notes de l'auteur.

logique fédérale. On observe par exemple que les revendications autonomistes s'étendent à mesure que progresse la construction européenne. Or la coopération régionale par-dessus les frontières n'est-elle pas une menace pour les États-nations ? Ainsi, la province italienne du Haut-Adige (le Tyrol du Sud pour les Autrichiens) a demandé à l'Autriche en janvier 2006 la protection de son droit à l'autodétermination, « plus précisément, note le professeur Stephan Martens, elle a demandé à Vienne d'exercer la fonction de "puissance protectrice pour la population germanophone d'Italie du Nord [1]" ».

N'y a-t-il pas aussi un risque de perte de souveraineté nationale dans les « communautés de travail », telle que celle qui fut baptisée « Alpen-Adria », regroupant des régions allemandes, autrichiennes, italiennes, hongroises, croates et slovènes ? « N'est-ce pas, s'interroge Martens, un des instruments privilégiés de l'Allemagne et de l'Autriche pour se reconstituer une zone d'influence politico-économique [2] ? »

Surtout, certaines déclarations de responsables allemandes ne sont pas faites pour rassurer les partisans du modèle français. Ainsi ces propos tenus dans *Le Monde* par l'ex-chancelier Gerhard Schröder dont la sécheresse résume le débat : « Reconnaître la nature fédérale de la construction européenne ne sera pour nous qu'une extension vers le haut d'une forme d'organisation politique que nous connaissons bien. C'est

---

1. Stephan Martens, « Coopérations transfrontalières et nationalisme régional », *Allemagne d'aujourd'hui*, octobre 2007 (hors-série), p. 40.
2. *Ibid.*, p. 39.

plutôt pour les États centralisés que cette évolution naturelle est une révolution et ce sera tout particulièrement aux Français qu'il appartiendra de dire quand ils seront prêts à accepter les nouvelles réalités et à opérer cette révolution [1]. » Pour l'ex-chancelier, la nature fédérale de l'Europe conduira la France à se soumettre ou à se démettre.

1. Yvonne Bolmann, *La Tentation allemande*, Paris, Michalon, 1998, p. 9.

Chapitre 4

COMMENT DEVIENT-ON ENNEMIS HÉRÉDITAIRES ?

Le 12 octobre 1809, Napoléon attendait au château de Schönbrunn l'issue des négociations engagées avec l'empereur d'Autriche, François Ier, au lendemain de la victoire de Wagram en juillet. Les discussions traînaient en longueur. Pour passer le temps, occuper ses soldats et montrer la force de son armée, Napoléon multipliait les parades militaires dans le parc du château des Habsbourg. Cet après-midi-là, l'empereur, entouré du maréchal Berthier et du général Rapp, regardait les troupes défiler lorsqu'un jeune homme vêtu de bottes, d'une redingote civile et d'un chapeau noir tenta de l'approcher à deux reprises. Devant son obstination, le général Rapp le fit arrêter. Le jeune homme de dix-sept ans, apprenti camelot dans un magasin de nankin et fils d'un pasteur luthérien d'Erfurt en Thuringe, s'appelait Friedrich Staps et avoua son intention de poignarder Napoléon avec un couteau de cuisine caché dans son manteau. « Pourquoi ? » interrogea le général Rapp qui, alsacien, parlait allemand. « Je ne puis le dire qu'à lui seul ! » répondit le jeune homme.

L'interrogatoire de Staps, mené par l'empereur en personne (et rapporté par Rapp, qui servit d'interprète [1]), recèle une intensité dramatique et un intérêt historique certains. On y voit un fils de la Révolution devenu empereur face à un jeune patriote allemand, héritier à sa manière de la Révolution française :

« Que vouliez-vous faire de votre couteau ?
– Vous tuer.
– Pourquoi ?
– Parce que vous faites le malheur de mon pays.
– Vous ai-je fait quelque mal ?
– Comme à tous les Allemands…
– Est-ce la première fois que vous me voyez ?
– Je vous ai vu à Erfurt, lors de l'entrevue.
– N'avez-vous pas eu l'intention de me tuer alors ?
– Non, je croyais que vous ne feriez plus la guerre à l'Allemagne ; j'étais un de vos plus grands admirateurs. [...]
– Si je vous fais grâce, m'en saurez-vous gré ?
– Je ne vous en tuerai pas moins. »

Friedrich Staps fut exécuté le 17 octobre 1809 au cri de « Vive la liberté ! Vive l'Allemagne ! Mort au tyran ! »

Le 14 octobre avait été signé le très rigoureux traité de Vienne qui enlevait à l'Autriche 110 000 km² et 3,5 millions d'habitants. Napoléon, qui épousa peu après l'archiduchesse Marie-Louise, était au faîte de sa gloire. A-t-il perçu la dimension politique et historique du sacrifice du jeune Allemand ? C'est peu probable, à en juger par les propos qu'il tint à Rapp avant de

---

1. *Mémoires du général Rapp, aide de camp de Napoléon, écrits par lui-même, et publiés par sa famille*, Francfort-sur-le-Main, Bossange frères, 1823, p. 141-147.

quitter Vienne : « Il n'y a pas d'exemple qu'un jeune homme de cet âge, allemand, protestant, et bien élevé, ait voulu commettre un pareil crime. Sachez comment il est mort. » La réflexion de l'empereur montre qu'il n'était pas insensible au sacrifice du jeune homme mais aussi qu'il ne comprenait pas la dimension patriotique de son geste. Pour Napoléon, il n'existait pas d'État allemand sans, et encore moins contre, la France.

Pourtant, les signaux d'un éveil du patriotisme antifrançais se multipliaient en cette année 1809. Une résistance allemande s'esquissait. Des mouvements insurrectionnels éclataient pendant que discrètement la Prusse se réformait et préparait sa revanche. Un colonel de l'armée du royaume de Westphalie souleva des paysans hessois et manqua de capturer le roi Jérôme, frère de Napoléon. Toujours en Westphalie, au cœur de l'Allemagne, un officier prussien, Ferdinand von Schill, envahit le royaume avant d'être rejeté à Stralsund, en Poméranie, et abattu. Une Légion noire naquit en Bohême, composée d'Allemands ayant déserté l'armée française qui les avait mobilisés, avec des dizaines de milliers de compatriotes. Elle parvint à traverser l'Allemagne jusqu'à la mer du Nord, où elle fut recueillie par la marine anglaise. Dans le Tyrol, territoire autrichien donné à la Bavière par Napoléon, un aubergiste, Andreas Hofer, souleva les montagnards en avril 1809 et tint la région jusqu'à sa capture et son exécution en janvier 1810. Il devint un héros national.

Quand l'Allemagne s'éveillera

À l'aube du XIXᵉ siècle, l'Allemagne pouvait donc sembler pacifiée et la domination française assurée, mais le germe du patriotisme avait pénétré très profondément les esprits allemands. Ce patriotisme s'inspirait du modèle français d'État-nation, avec une différence essentielle. Le patriotisme révolutionnaire français avait une vocation universelle : être patriote, c'était adhérer aux valeurs de liberté et d'égalité que la France souhaitait transmettre aux autres peuples. Quand les armées de la Révolution passaient les frontières, ce n'est pas aux Allemands qu'elles en voulaient, mais aux « tyrans » et à l'obscurantisme. Le patriotisme allemand, en revanche, s'est tout de suite tourné contre l'extérieur et mué en nationalisme agressif. C'est, en tout cas, l'idée que les Français se feront pendant un siècle et demi de la différence entre leur patriotisme et le nationalisme des Allemands. Dans les années 1830, le très francophile Heinrich Heine, réfugié à Paris, écrivit de façon caractéristique :

> Le patriotisme du Français consiste en ce que son cœur s'échauffe, qu'il s'étend, qu'il s'élargit, qu'il enferme dans son amour, non seulement ses plus proches, mais toute la France, tout le pays de la civilisation ; le patriotisme de l'Allemand, au contraire, consiste en ce que son cœur se rétrécit, comme le cuir sous la gelée, qu'il cesse d'être un citoyen du monde, un Européen, pour n'être plus qu'un étroit Allemand [1].

En tout cas, c'est pendant les guerres napoléoniennes qu'est né en Allemagne occupée ce nationalisme populaire qui, de naissance, dans ses gènes, fut antifrançais. Mais alors que la défaite exaspérait les colères allemandes, le succès aveuglait les Français, qui n'avaient

---

1. Heinrich Heine, *De l'Allemagne, op. cit.*, p. 208.

pas conscience de ce sentiment antifrançais. Pendant que les armées françaises conquéraient l'Europe, à Paris, notait Mme de Staël, « on prenait le café en commentant la victoire du jour ». Le carnet de voyage de Stendhal témoigne de la tranquillité d'esprit, de la bonne conscience de « l'occupant ». Henry Beyle – qui prit comme nom de plume celui d'une petite ville allemande, Stendhal – connaissait la vie confortable d'adjoint au commissaire des Guerres, participant aux fêtes organisées par la noblesse allemande ralliée à l'Empire et lutinant les jolies blondes ou leurs mères comme, à Brunswick, cette Mme de Marshall qui, « quoique ayant une fille à marier, [lui] conviendrait [1] ». Lorsqu'il rencontra des Allemands morts dans un accrochage avec l'armée française en mai 1809, le futur écrivain ne manifesta aucune animosité. « Toute la ville d'Ebelsberg achevait de brûler, la rue où nous étions était garnie de cadavres, la plupart presque tous français, et presque tous brûlés [...]. Sur le pont, un brave Allemand, mort, les yeux ouverts ; courage, fidélité et bonté allemande étaient peints sur sa figure, qui n'exprimait qu'un peu de mélancolie [2]. » Pas la moindre trace de germanophobie dans ces lignes, mais pas non plus la moindre interrogation sur les sentiments nationaux de ces « braves Allemands ».

Pourtant, en 1809, les esprits allemands étaient en pleine effervescence. Les gens de lettres appelaient les Allemands à résister à l'invasion de la culture française et à régénérer la culture allemande. Dans une allocution

---

1. Stendhal, *Œuvres intimes*, Paris, Gallimard, « Bibliothèque de la Pléiade », 1955, p. 856.
2. *Ibid.*, p. 887.

prononcée en novembre 1987 à l'université de Heidelberg, le président de la République fédérale Richard von Weizsäcker rappelait : « C'est en premier lieu par la culture que se développa un sentiment national allemand. La philosophie et la poésie, Lessing, Herder, Kant et Goethe firent le prestige des Allemands et le sentiment de leur propre valeur. » Ce que ne disait pas le président fédéral, adepte du politiquement correct, c'est que, là aussi, les Allemands ont affirmé leur personnalité face à et même contre la France, sa langue, sa littérature, sa culture.

Quand l'Allemagne parlait français

La domination culturelle française sur le monde germanique a pris son envol au cours de la seconde moitié du XVIIᵉ siècle. Face à une Allemagne dévastée et dépeuplée par la guerre de Trente Ans, la France était le pays d'Europe le plus peuplé, le plus riche, militairement le plus puissant, culturellement le plus créatif et donc le plus imité. C'est alors que le français devint la *lingua franca*, la langue universelle commune à tous les esprits cultivés et à la haute société, comme Pierre Bayle le remarquait en 1685 : « La langue française est désormais le point de communication de tous les peuples de l'Europe, et une langue que l'on pourrait appeler transcendantelle, par la même raison qui oblige les philosophes à donner ce titre aux natures qui se répandent et se promènent dans toutes les catégories [1]. »

_____

1. Pierre Bayle, *Nouvelles de la République des Lettres*, Amsterdam, novembre 1685.

C'était l'époque où Leibniz écrivait la plupart de ses essais dans la langue de Molière.

La suprématie de la langue française n'a fait que s'étendre au XVIIIᵉ siècle. Elle était devenue, depuis les traités d'Utrecht et de Rastatt en 1713 et 1714, la langue de la diplomatie en place du latin. L'aristocratie allemande s'était entichée du français, de la même manière que les princes se faisaient construire des « petits Versailles ». L'empereur Charles Quint disait déjà qu'il parlait « latin à Dieu, italien aux femmes, français aux hommes et allemand aux chevaux ». Frédéric II de Prusse suivit son exemple, parlant et écrivant en français, et évoquant avec mépris sa langue maternelle, « aussi barbare que les Goths et les Huns qui la corrompirent ». Cet écrivain allemand de langue française s'offrit même un maître en littérature française en invitant à Potsdam le grand Voltaire. L'idylle fut, il est vrai, de courte durée : arrivé au château de Sans-Souci en juillet 1750, le philosophe écrivait deux ans plus tard à Mᵐᵉ Denis, restée à Paris : « Je vois bien qu'on a pressé l'orange, il faut penser à sauver l'écorce et je vais faire, pour mon instruction, un petit dictionnaire : "mon ami" signifie "mon esclave", "mon cher ami" veut dire "vous m'êtes parfaitement indifférent". Entendez par "je vous rendrai heureux" "je vous souffrirai tant que j'aurai besoin de vous[1]". »

Tout excès fabrique son antidote. Dès 1687, un juriste de l'université de Halle, Christian Thomasius, dénonçait l'aliénation culturelle des Allemands dans un pamphlet intitulé *Discours sur l'imitation des Français* :

---

1. Voltaire, *Correspondance, janvier 1749-décembre 1753*, Paris, Gallimard, « Bibliothèque de la Pléiade », 1975, lettre à Mᵐᵉ Denis du 18 décembre 1752.

« Si nos ancêtres revenaient en ce monde, ils ne nous reconnaîtraient plus : nous sommes des dégénérés, des bâtards. Aujourd'hui, tout doit être français chez nous : français les habits, les plats, le langage ; françaises les mœurs, français les vices [1]. » Défenseur acharné de l'allemand, premier résistant linguistique après Luther, Christian Thomasius dispensait son enseignement en allemand, et non en latin ou en français.

La domination culturelle française en Allemagne ne pouvait durer : les cours et les princes n'empruntaient qu'un vernis sous lequel le fond allemand demeurait et, chez les écrivains, la « francisation » était encore plus superficielle. « L'école française » ne produisit en Allemagne que de pâles copies des classiques, à l'image des tragédies du maître de ce courant littéraire, Johann Christoph Gottsched. Jusqu'à ce qu'un « homme des lumières », un homme de l'*Aufklärung*, Gotthold Ephraim Lessing, entreprenne de libérer la littérature allemande de l'influence française. Lessing avait à peine trente ans lorsqu'il fit une véritable profession de foi devant Frédéric II, venu visiter l'université de Leipzig. Le roi, à qui l'on avait lu une fable écrite par le jeune écrivain, l'interrogea :

« Où avez-vous appris à écrire ?
– À l'école de la nature.
– Vous avez imité La Fontaine ?
– Non, votre Majesté, je suis un original. »

Lessing n'écrivait pas que des fables, c'était un immense dramaturge, que Heinrich Heine saluait ainsi :

---

1. Cité dans Paul Hazard, *La Crise de la conscience européenne*, Paris, Fayard, 1935.

« Lessing fut l'Arminius littéraire qui délivra notre scène de cette domination étrangère. Il nous montra la nullité, le ridicule, le mauvais goût de ces imitations du théâtre français, qui elles-mêmes étaient imitées du théâtre grec [1]. » En 1767, il fit jouer une tragi-comédie à succès, *Minna von Barnhelm*, la première véritable pièce nationale allemande. Inspirée d'une histoire contemporaine, la pièce oppose un officier prussien revenu de la guerre de Sept Ans, qui possède toutes les qualités prussiennes, à un noble français, le chevalier Riccaut de la Marlinière, seigneur de Prêt-au-Val de la branche de Prens-d'or, ridiculisé pour sa prétention et sa volonté d'imposer l'usage du français :

RICCAUT – Mademoiselle parle français ? Mais sans doute ; telle que je la vois !

DAS FRAÜLEIN – [en allemand désormais] Monsieur ?

RICCAUT – Non ? Elle ne parle pas français ?

DAS FRAÜLEIN – Monsieur, en France je saurais parler français. Mais pourquoi ici ? Je vois que vous me comprenez en allemand…

La critique de la France et des Français était très bon enfant chez Lessing. Son appel à l'unité culturelle des Allemands n'avait pas de dimension politique. Mais progressivement, ce nationalisme culturel se politisa. D'abord, en se mettant dans la roue de la Révolution française et de ses idées libératrices. Ensuite, en réaction à l'occupation militaire française en Allemagne.

À l'origine, la Révolution trouva des adeptes enthousiastes parmi les écrivains allemands, dont Klopstock, Schiller ou Goethe. Les deux premiers furent même

---

1. Heinrich Heine, *De l'Allemagne*, *op. cit.*, p. 199.

faits « citoyens français » par l'Assemblée législative pour avoir chanté les louanges de la Révolution. Quant à Goethe, le soir de la bataille de Valmy, le 20 septembre 1792, qui vit la victoire des Sans-Culottes sur la coalition prusso-autrichienne, il eut ce mot qui devint une référence : « En ce jour, en ce lieu, a commencé une ère nouvelle dans l'histoire du monde. » En 1806 encore, Hegel applaudissait avec enthousiasme l'arrivée de Napoléon à Iéna : « J'ai vu l'empereur, cette âme du monde [...]. C'est une sensation merveilleuse de voir un pareil homme qui, concentré ici sur un point, assis sur son cheval, s'étend sur le monde et le domine[1]. »

Cet enthousiasme ne dura pas. Les excès des révolutionnaires parisiens et leur bellicisme provoquèrent bientôt une profonde désillusion chez Schiller et Goethe dont l'œuvre se poursuivit sans presque être touchée par les tempêtes politiques. Contrairement à de nombreux écrivains qui se consacrèrent à la cause de la libération de l'Allemagne – des « intellectuels engagés », comme on ne disait pas encore.

C'est surtout après Iéna que le nationalisme culturel allemand prit une dimension politique et cultiva la francophobie. Notamment sous l'influence de la Prusse, qui préparait sa revanche et cherchait, dans ce dessein, à réveiller un sentiment commun à tous les Allemands, au-delà de la Prusse. Les grands architectes de la reconstruction de l'État prussien, les ministres baron Karl vom und zum Stein et Karl August von Hardenberg, avaient une conviction : la Prusse devait imiter la France et moderniser l'État. Une série de

---

1. Cité par Jean-Pierre Le Dantec dans Heinrich Heine, *De l'Allemagne, op. cit.*, préface, p. 11.

réformes allant dans ce sens furent adoptées, dont l'abolition du servage, l'autonomie administrative des villes, la réorganisation du cabinet en cinq départements, l'établissement du service militaire obligatoire, la limitation des châtiments corporels dans l'armée, la création de l'université de Berlin. Pour préparer sa revanche sur la France, la Prusse cherchait à mobiliser l'ensemble de la société, des paysans aux professeurs d'université, et à susciter l'éclosion du sentiment patriotique. À la française. « Alors, écrit Heine, les personnages les plus éminents parlèrent de la nationalité allemande, d'une patrie commune à tous, de la réunion des races chrétiennes de la Germanie, de l'unité de l'Allemagne. On nous commanda le patriotisme et nous devînmes patriotes, car nous faisons tout ce que nos princes nous commandent [1]. » Cette analyse de la naissance du patriotisme allemand est un peu méprisante pour les Allemands, mais est-elle fondamentalement fausse ?

La bataille des langues

De nombreux hommes de lettres allemands se mobilisèrent. Ils suivaient l'exemple d'un professeur de philosophie d'Iéna, puis de Berlin, Johann Gottlieb Fichte, qui se fit le théoricien et le propagandiste du nouveau nationalisme allemand. D'abord disposé à collaborer avec l'occupant français, Fichte avait tourné casaque au lendemain de l'invasion de la Prusse par les armées françaises et, durant l'hiver 1807-1808, il avait prononcé

---

1. Heinrich Heine, *De l'Allemagne, op. cit.*, p. 208.

devant l'université de Berlin plusieurs *Discours à la nation allemande* destinés à rendre confiance à un pays vaincu, en donnant une dimension politique, nationaliste et antifrançaise à la culture allemande. Fichte définissait l'identité germanique par opposition, d'une part, aux nations slaves qui « semblent ne pas s'être développées assez clairement, par rapport au reste de l'Europe, pour qu'une caractérisation soit possible » et, de l'autre, aux peuples romanisés « d'ascendance germanique », autrement dit aux Français. À suivre son analyse, les Slaves étaient rétrogrades et les Français étaient des bâtards, alors que les Allemands avaient la chance historique de bénéficier d'une continuité raciale et linguistique exceptionnelle.

L'objectif de Lessing et de Herder avait été de réhabiliter l'usage de l'allemand face à l'invasion culturelle française. Celui de Fichte était de démontrer la supériorité de la langue allemande sur le français. Le projet était devenu plus politique que linguistique, et il avait acquis une dimension ouvertement gallophobe. La pensée n'existe qu'exprimée avec des mots, la supériorité de la langue impliquait donc la supériorité de la civilisation germanique et celle de l'Allemagne sur la France. Fichte fut pour une grande part à l'origine de la transformation du complexe allemand d'infériorité en ce complexe de supériorité qui eut des conséquences si tragiques pour l'Allemagne et ses voisins. « Cela a peut-être contribué à l'éclosion du mythe de la *Deutschheit*, la germanité, qui a tragiquement pesé, jusqu'à l'extermination, sur le destin allemand », note le germaniste Georges-Arthur Goldschmidt.

Tel était le discours qu'entendaient les étudiants berlinois et les personnes de la bonne société qui se pressaient aux conférences de Fichte de décembre 1807 à mars 1808 : ce qui fonde les nations, c'est la langue, la culture, l'histoire. Certaines ont su conserver au cours des âges leur langue originelle : ce sont les « nations-mères », les « peuples-souches », dont le peuple allemand, qui a conservé sa langue primitive depuis l'Antiquité. Le français, lui, était une langue « secondaire », « dérivée » de civilisations éloignées et de langues mortes. Aux yeux de Fichte, analyse Patrick J. Geary, la langue allemande, « entièrement issue d'éléments germaniques créés pour dire le monde que continuaient à vivre les Allemands, est immédiatement transparente et compréhensible pour tous les individus de langue allemande, et les place dans une relation d'immédiateté avec leur environnement et les uns par rapport aux autres [1] ».

Tel était le nationalisme linguistique qui a nourri idéologiquement la volonté de revanche de la Prusse et, au-delà, le pangermanisme. Sur le plan universitaire, il fut à l'origine de la création d'une nouvelle discipline, la philologie indo-européenne. Et plus largement, dans l'opinion publique, il fut repris dans de nombreux ouvrages à succès jusqu'à la Seconde Guerre mondiale, dont l'ouvrage du journaliste Friedrich Sieburg, paru en 1930, *Dieu est-il français ?* L'auteur se proclamait ami et admirateur des Français, ce « peuple magnifique et insupportable [2] », mais sous des airs objectifs et sympathiques se cachait un pamphlet gallophobe particulièrement sévère dressant le portrait de

---

1. Patrick J. Geary, *Quand les nations refont l'histoire*, op. cit., p. 38.
2. Friedrich Sieburg, *Dieu est-il français ?*, op. cit., p. 194.

Français aimant le vin, la bonne cuisine et les vieux meubles, et persuadés de détenir le « monopole de la raison et de la civilisation ». Même notre langue, notre littérature ne trouvaient pas grâce aux yeux de cet « ami ». Surtout comparées au modèle allemand. Le français, expliquait Sieburg, était une langue morte, « une langue achevée, tandis que l'allemand, grâce à la possibilité de former des mots composés – grâce aussi à ses ressources encore inemployées – est pareil au flux et au reflux éternels d'un océan. Les possibilités du français sont non seulement éprouvées, mais pas encore fixées ». Le français était aussi la langue des menteurs (donc l'allemand, la langue de la vérité) : « Elle induit au mensonge, au sens le plus élevé de ce mot parce qu'il arrive à celui qui parle de s'apercevoir tout à coup que sa parole a dépassé sa pensée et de ne pas avoir le courage de remonter jusqu'au point de divergence. »

Le français était enfin la langue de la légèreté intellectuelle et morale : « La séduction du français, dont l'unité n'est ni le mot, ni même la phrase, mais le rythme de la respiration, tient à une contrainte d'autant plus forte qu'il est difficile de résister au plaisir esthétique d'une antithèse, même si elle ne répond pas complètement au dessein de celui qui parle. »

Bien sûr, le parti pris hostile de ces jugements n'enlève rien aux différences fondamentales qui séparent les deux langues et qui expliquent en grande partie les difficultés et/ou le peu d'envie que chacun des deux peuples éprouve à apprendre et pratiquer la langue de l'autre. La prononciation de l'allemand est difficile pour un Français, à qui elle demande un mouvement du diaphragme inhabituel. « L'allemand est construit sur la voix : ce qui est dit a toujours pour origine un effort musculaire qui l'engage au plus profond du corps[1] », explique l'écrivain-interprète Georges-Arthur Goldschmidt dans son livre sur Freud et la langue allemande. Celui-ci ajoute que l'allemand possède une qualité unique, « une sorte de croissance à partir d'elle-même qui lui fait à chaque instant revivre, en quelque façon, son enfance linguistique ». Avec des mots que tout Allemand comprend immédiatement : « Qui donc, à moins d'être helléniste, à défaut d'être botaniste, peut savoir ce qu'est une plante halophile ? L'allemand l'appelle tout simplement *eine salzliebende Pflanze*, "une plante qui aime le sel". »

La langue allemande présente une difficulté particulière pour les Français : la syntaxe renvoie souvent à la fin de la phrase le verbe dont dépend précisément le sens de toute cette phrase. Dans son livre qui eut tant de succès, *De l'Allemagne*, Mme de Staël se plaignait de ce que le verbe placé en fin de la phrase interdît l'art de la conversation, fait d'interruptions, car « le sens n'est ordinairement compris qu'à la fin de la phrase […]. Il faut laisser à chacun tout l'espace qu'il lui convient de prendre ; cela vaut mieux pour le fond des choses, c'est aussi plus civil, mais moins piquant[2] ». À l'inverse, remarque le philosophe-linguiste Heinz Wismann, la syntaxe française autorise, et même facilite cette manière française de converser où l'on parle tous en même temps et où tout le monde s'entend : « On pourrait aujourd'hui, ajoute-t-il avec humour, prendre l'exemple des Matins de France Culture, qui sont strictement incompréhensibles

---

1. Georges-Arthur Goldschmidt, *Quand Freud voit la mer*, Paris, Buchet-Chastel, 2006, p. 21.
2. Mme de Staël, *De l'Allemagne, op. cit.*, p. 84.

pour quelqu'un qui ne baigne pas dans la syntaxe, c'est-à-dire dans cette manière de parler[1]. » L'allemand est fait moins pour communiquer que pour penser. Est-ce pour cette raison qu'au XVIIIᵉ siècle, par exemple, la philosophie fut incarnée là-bas par Kant et ici par Voltaire, et traita là-bas de métaphysique et ici de morale ?

Vers la germanophobie et la francophobie de masse

Il est difficile de savoir si Fichte et les « intellectuels » nationalistes ont eu une réelle influence sur l'effondrement de l'Empire français. Après tout, ce sont l'hiver russe et les cosaques qui ont brisé la Grande Armée, plus que le ralliement au tsar de la nouvelle armée prussienne. Il est certain, en revanche, que leurs idées n'eurent de cesse de se répandre. À la suite de la Révolution et de l'Empire, l'Allemagne se constitua en tant que nation et des deux côtés du Rhin apparut un nationalisme populaire.

Les guerres napoléoniennes finies, la gallophobie continua de croître dans une Allemagne frustrée, malgré sa victoire. La Prusse était mécontente parce que les autres puissances avaient refusé d'arracher l'Alsace à la France, entérinant les conquêtes de Louis XIV. L'opinion publique allemande l'était parce que le traité de Vienne ne répondait pas à ses aspirations nationales unitaires. L'Allemagne se retrouvait divisée et, si elle l'était un peu moins qu'en 1789, c'est uniquement parce que les puissances n'étaient pas revenues sur la

---

1. Heinz Wismann, *Penser entre les langues*, Paris, Albin Michel, 2012, p. 16.

simplification drastique de la carte politique allemande imposée par Napoléon. Quant aux réformes politiques, elles étaient évacuées. Oubliées les promesses faites par les princes – essentiellement le roi de Prusse et l'empereur d'Autriche – quand ils avaient besoin de la mobilisation de leur peuple. Le danger français passé, le peuple allemand était invité à retourner à son impuissance civile. Heine pouvait écrire sur le mode ironique : « La terre est aux Français et aux Russes, / La mer obéit aux Anglais. / Mais dans l'empire aérien des rêves, / Nous régnons sans rivaux. »

Il n'est pas dans la capacité des princes et des gouvernements d'effacer du cœur des peuples les passions qu'ils ont entretenues avec cynisme et égoïsme. Les Français ont gardé la mémoire des grandes heures d'exaltation patriotique de la Révolution et de l'Empire lorsque, comme le dira Lamartine en 1848, le drapeau tricolore faisait « le tour du monde avec le nom, la gloire et la liberté de la patrie ». Les Allemands n'ont pas oublié les guerres de libération ni la bataille des peuples de Leipzig qui annonçaient l'unité prochaine du peuple allemand. C'était un temps de la fièvre patriotique, où Fichte, en 1813, suspendait son cours « jusqu'à la paix » et donnait rendez-vous à ses élèves sur les champs de bataille, où le roi de Prusse lançait un retentissant *Appel à mon peuple* et son ministre Stein déclarait : « Je n'ai qu'une patrie, c'est l'Allemagne. Ces dynasties me sont complètement indifférentes : ce sont pour moi de simples instruments. Mon credo c'est l'unité [1]. »

---

1. Geoffroy Cavaignac, *La Formation de la Prusse contemporaine*, Paris, Hachette, 1898, t. 2, p. 123.

Même à supposer que les Allemands aient oublié ces grandes heures, un Français se présenta pour les tirer de leur léthargie et réactiver l'aspiration à un État national allemand : le Premier ministre du roi des Français, Adolphe Thiers, qui joua aux apprentis sorciers en attisant le nationalisme français, suscitant par contrecoup une flambée du nationalisme allemand. Pour la première fois – mais ce ne sera pas la dernière –, une crise internationale qui, d'habitude, n'intéressait que les diplomates et les gouvernements, descendit dans la rue et provoqua le choc des deux chauvinismes. C'est de là que nous pouvons dater l'apparition de la germanophobie et la francophobie de masse.

L'allumette diplomatique était la crise égyptienne opposant le pacha Méhémet Ali et le sultan, qui se transforma en 1840 en une crise entre la France et l'Europe. Théoriquement, les cinq grandes puissances européennes, l'Angleterre, la France, la Russie, l'Autriche et la Prusse, travaillaient de concert à apaiser la crise égyptienne. Mais le Français Adolphe Thiers et le Britannique Lord Palmerston jouaient chacun double jeu, le premier parce qu'il soutenait en sous-main Méhémet Ali, le second parce qu'il entendait briser l'influence française en Méditerranée orientale. L'Anglais dégaina plus vite : le 15 juillet 1840, à l'insu de Paris, il signa avec la Russie, l'Autriche et la Prusse la convention de Londres qui imposait ses conditions au Caire et à Istanbul. La coalition de Waterloo, qui avait eu raison de Napoléon en 1815, était reconstituée, et la France exclue du concert européen. L'humiliation ressentie à Paris fut telle que la guerre semblait imminente. Des députés dénoncèrent à la tribune de l'Assemblée les traités de 1815 et réclamèrent la restitution de la rive gauche du Rhin. Les manifestations belliqueuses se multiplièrent dans les rues de la capitale. Des journaux, comme *Le Capitole*, proclamaient que l'Allemagne n'attendait que l'arrivée des armées françaises pour « se débarrasser des petits despotes qui la déshonorent ». La modération de Louis-Philippe, qui renvoya Thiers, évita le conflit, mais la crise eut un effet inattendu en se transformant en une « crise du Rhin » dans l'opinion publique.

Les Français s'étaient trompés sur l'état d'esprit de leurs voisins. Les manifestations de Paris avaient réveillé en Allemagne les souvenirs de 1813, et la résurgence de la revendication de la rive gauche du Rhin provoqua une vague d'indignation populaire d'une ampleur que personne n'avait prévue. En quelques mois, trois chansons composées par des inconnus devinrent immensément populaires dans tout le pays : *Die Wacht am Rhein* (« La Garde au Rhin ») qui sera tant chantée par les nazis ; le *Deutschlandlied*, qui deviendra l'hymne national allemand, exaltant une Grande Allemagne allant « de la Meuse au Niémen » ; et le *Chant du Rhin* du poète Nikolaus Becker, le *Rheinlied* dont Bismarck dira qu'il eut le même effet, lors de la guerre de 1870, que quelques corps d'armée supplémentaires : « Ils ne l'auront pas, le libre Rhin allemand, quoiqu'ils le demandent dans leurs cris comme des corbeaux avides ! »

Les auteurs français ripostaient, mais avec moins de hargne et plus d'ironie. Alfred de Musset écrivit : « Nous l'avons eu votre Rhin allemand. / Si vous oubliez votre histoire, / Vos jeunes filles sûrement, ont mieux gardé notre mémoire : / Elles nous ont versé votre petit vin blanc. » Il fut bientôt suivi par un Victor

Hugo plus professoral, qui opposait le Rhin, fleuve-frontière créé par la Providence (et célébré par César), au Rhin prussien qui était une menace pour la paix : « Avoir donné la rive gauche du Rhin à l'Allemagne, c'est un chef-d'œuvre. Chef-d'œuvre de haine, de ruse, de discorde et de calamité. »

La crise de 1840 s'apaisa mais l'idéologie de l'« ennemi héréditaire » était née. Son pas était plus raide en Allemagne qu'en France : outre-Rhin, réunification et nationalisme étaient désormais étroitement liés dans l'esprit des Allemands, et il fallut les désastres de la Seconde Guerre mondiale et la réussite de la République fédérale pour dissoudre ce mariage explosif. Les Français, eux, ont attendu la catastrophe de la guerre de 1870 et la mutilation du territoire pour prendre la mesure du danger allemand. Ils étaient encore trop confiants pour prêter l'oreille au terrible avertissement lancé par Heine :

> Quand vous entendrez un craquement comme jamais craquement ne s'est fait encore entendre dans l'histoire du monde, sachez que le tonnerre allemand aura enfin touché le but. À ce bruit, les aigles tomberont morts du haut des airs, et les lions, dans les déserts les plus reculés d'Afrique, baisseront la queue et se glisseront dans leurs antres royaux [...]. Je vous le conseille, Français, tenez-vous alors fort tranquilles et, surtout, gardez-vous d'applaudir. Nous pourrions facilement mal interpréter vos intentions, et vous renvoyer un peu brutalement suivant notre manière impolie [1].

---

1. Heinrich Heine, *De l'Allemagne, op. cit.*, p. 179.

Chapitre 5

LE « PAYS DE LA REVANCHE »
À L'ÉCOLE DU VAINQUEUR

Versailles, le vendredi 24 février 1871 au matin, « un petit bonhomme, blanc de cheveux, avec de bonnes manières françaises [1] », se présenta à l'hôtel de Jessé, rue de Provence, où résidait Bismarck. C'était Adolphe Thiers, élu « chef du pouvoir exécutif de la République française » une semaine plus tôt. Il venait négocier avec Bismarck les « préliminaires de paix ».

Peut-on appeler « négociation » une situation aussi déséquilibrée ? Les armées de la défense nationale s'étaient effondrées en province, tandis que dans Paris assiégé la faim avait eu raison de la résistance de la population. Un armistice temporaire avait été accordé par les Prussiens, mais la guerre menaçait de reprendre si les préliminaires de paix n'étaient pas signés avant le dimanche 26 février. Il fallait donc conclure et, ce vendredi, le vieux Thiers allait se battre sur les deux

---

1. Portrait de Thiers dressé par Bismarck dans une lettre à sa femme, dans Otto von Bismarck, *Lettres de Bismarck à sa femme, pendant la guerre de 1870*, trad. de l'allemand par Joseph Schroeder et Paul Bruck-Gilbert, Paris, Tallandier, 1903, p. 122.

points encore jouables : le montant de l'indemnité et le détachement de Belfort de l'Alsace annexée. Il le fit avec la rage du désespoir. Face à un Bismarck intransigeant, il joua le tout pour le tout :

> Eh bien ! qu'il en soit comme vous le voulez, monsieur le comte ! Ces négociations ne sont qu'une feinte. Nous avons l'air de délibérer, nous devons passer sous le joug. Nous vous demandons une cité absolument française et vous nous la refusez ; c'est avouer que vous avez résolu contre nous une guerre d'extermination, faites-la. Ravagez nos provinces, brûlez nos maisons, égorgez les habitants inoffensifs, en un mot achevez votre œuvre. Nous vous combattrons jusqu'au dernier souffle. Nous pourrons succomber, au moins nous ne serons pas déshonorés [1].

La tension était trop forte pour cet homme de soixante-treize ans. Ses nerfs finirent par craquer, ce qui donna lieu à une scène surprenante racontée par l'écrivain Maxime Du Camp : « Thiers, épuisé, à bout d'arguments, laisse tomber sa tête entre ses mains, éclate en sanglots et est sur le point de s'évanouir. Bismarck l'enlève dans ses bras, comme l'on fait d'un enfant, le couche sur le canapé et lui dit : "Dormez, reposez-vous, c'est trop de fatigue, vous y succomberez." Puis, prenant son manteau de guerre, il l'en couvre [2]. »

Bismarck accepta d'effectuer une démarche auprès du roi pour conserver Belfort à la France. Thiers ne bougea pas de la pièce car « partir sans avoir résolu la question, ce serait la perdre ». Après une longue attente,

---

1. Jules Simon, *Le Gouvernement de M. Thiers*, Paris, Calmann-Lévy, 1879, t. 1, p. 121.
2. Maxime Du Camp, *Souvenirs d'un demi-siècle*, Paris, Hachette, 1949, t. 2, p. 258.

Bismarck revint et, la main sur le bouton de la porte, lança : « J'ai une alternative à vous proposer. Que préférez-vous, Belfort ou la renonciation à notre entrée dans Paris ? »

« Belfort, Belfort ! » s'écria Thiers qui ne mesurait pas l'humiliation que serait pour le peuple de Paris le défilé de trente mille Allemands sur les Champs-Élysées. Plus tard, devant la Commission d'enquête sur la Commune, il reconnaîtra : « L'entrée des Prussiens à Paris a été une des causes principales de l'insurrection [1]. »

L'humiliation a changé de camp

L'année 1871 a été l'année de la revanche des Prussiens et de l'ensemble des Allemands trop longtemps humiliés par la « Grande Nation », comme le disent les Allemands en affirmant que les Français se qualifient ainsi. L'humiliation venait de changer de camp. Humiliation de l'homme politique français s'effondrant devant Bismarck qui le traitait comme un enfant. Des Parisiens qui venaient de résister en vain à un long siège : la Commune naquit peu après. De la France tout entière, à cause de la défaite militaire, de la perte de l'Alsace-Lorraine, et surtout de la nature de son vainqueur. Les Français avaient pardonné Waterloo : il n'y avait rien de déshonorant à être battu par l'Europe coalisée. Mais être battu par la petite Prusse, un royaume longtemps protégé par la France et presque

---

1. *Dépositions de M. Thiers devant les commissions d'enquête parlementaire*, Paris, Garnier-Frères, 1875, p. 119.

anéanti par Napoléon, être écrasé par ces Allemands réputés si rêveurs, voir le roi de Prusse avoir l'outre-cuidance de se proclamer « empereur allemand » dans la galerie des Glaces du château de Versailles sous une haie de drapeaux bleu-blanc-rouge conquis sur nos armées : c'était intolérable pour la « Grande Nation ». La guerre de 1870, follement entreprise, signait la perte de domination de la France dans une Europe où ses armées se promenaient comme chez elles depuis plus de deux siècles. Une Europe où l'École de guerre éditait des cartes d'état-major de la vallée du Neckar beaucoup plus précises que celles de la Marne.

Dans la *Réforme intellectuelle et morale* qu'il proposa à la France au lendemain de la défaite, Ernest Renan décrivait le choc subi par la société française :

> Tout a croulé comme dans une vision d'Apocalypse. La légende même s'est vue blessée à mort. Celle de l'Empire a été détruite par Napoléon III ; celle de 1792 a reçu le coup de grâce de M. Gambetta ; celle de la Terreur (car la Terreur même avait chez nous sa légende) a eu sa hideuse parodie dans la Commune ; celle de Louis XIV ne sera plus ce qu'elle était depuis le jour où le descendant de l'électeur de Brandebourg a relevé l'empire de Charlemagne dans la salle des fêtes de Versailles. Seul Bossuet se trouve avoir été prophète, quand il dit : *Et nunc, reges, intelligite* [1].

Il est difficile de pardonner à ceux qui brisent les rêves. Bismarck en était conscient. Il savait que la France, antique puissance, ne pardonnerait jamais à la

---

1. Ernest Renan, *Réforme intellectuelle et morale de la France* [1871], Bruxelles, Complexe, 1999, p. 28.

nouvelle Allemagne de l'avoir déclassée dans la hiérarchie des nations. Il pensait une guerre de revanche inévitable, à moins que la France ne fût jamais assez forte pour la livrer seule et que l'habile diplomatie du Deuxième Reich l'isole et lui interdise de contracter des alliances et d'être mariable – *bündnisfähig*, son mot favori. Dès le 13 septembre 1870, Bismarck avait écrit dans une circulaire adressée à ses alliés allemands : « C'est la défaite en elle-même que la France ne nous pardonnera jamais. Si nous voulions maintenant évacuer la France sans aucune contribution, sans autres avantages que la gloire de nos armes, la même haine, le même désir de vengeance subsisteraient pourtant chez les Français, à cause de leur vanité blessée, de leur désir de domination [1]. » La Première Guerre mondiale était inscrite dans ces lignes !

Au lendemain de la guerre de 1870, le qualificatif d'« ennemi héréditaire », affecté par les Allemands à la France depuis les guerres de Louis XIV, prit toute sa signification dans le sens inverse. Le conflit avait entraîné un bouleversement radical du concert européen et donné naissance, en France, à un complexe d'infériorité qui eut un double effet, contradictoire mais complémentaire : une irrépressible flambée de germanophobie qui connut son apogée durant la Grande Guerre, mais aussi un examen de conscience, une réflexion sur les causes de la défaite française, les secrets de la victoire allemande et les moteurs de la croissance du nouvel empire. C'est aussi dans cet entre-deux-guerres, entre 1870 et 1914, qu'est apparue

---

1. Albert Sorel, *Histoire diplomatique de la guerre franco-allemande*, Paris, Plon, 1875, p. 333.

l'angoisse du déclin français, angoisse qui nous étreint de nouveau aujourd'hui.

La faute de Napoléon III

Cette nouvelle germanophobie succédait au sentiment favorable à la Prusse qui dominait dans la classe dirigeante du Second Empire. Dès 1850, Louis-Napoléon Bonaparte, qui n'était alors que président de la République, proclamait son attachement au vieux préjugé libéral hostile à l'Autriche et favorable à la Prusse, et voyait dans la France et la Prusse deux nations sœurs : « N'ont-elles pas toutes deux même culture, même idéal de libéralisme éclairé, même intérêt à émanciper et à unir les nations et les races [1] ? » C'était le temps du gentil Prussien et du « bon Allemand », rêveur et paisible vivant dans une principauté aussi pacifique que pittoresque. Le temps où tout Paris allait rire à *La Grande-duchesse de Gérolstein*, l'opéra-bouffe d'Offenbach. Le temps d'une Prusse dite libérale que Napoléon III et ses ministres aimaient opposer à la réactionnaire Autriche. Il fallut attendre 1866 et la victoire prussienne de Sadowa sur l'Autriche pour que les yeux commencent à se dessiller. Cependant, le lendemain même de cette bataille qui livra l'Allemagne du Sud à Berlin, le ministre des Affaires étrangères de Napoléon III, le marquis de La Valette, publia une circulaire stupéfiante : la France annonçait à toute l'Europe que les victoires de la Prusse étaient un bien-

---

1. Cité par Jacques Bainville dans *Histoire de trois générations, 1815-1918*, Paris, Nouvelle librairie nationale, 1918, p. 118.

fait parce qu'elles confortaient les « grandes agglomérations » souhaitées par Napoléon Ier et qu'enfin « la grandeur d'un pays ne dépend pas de la faiblesse de ses voisins ». Le Second Empire était aveuglé par son idéologie fondée sur la politique des nationalités et sa volonté de remettre en cause l'équilibre européen établi par le traité de Vienne de 1815, sous l'influence prépondérante du Premier ministre autrichien, Metternich.

Personne ne voulait entendre les Cassandre qui mettaient en garde contre les ambitions de Berlin, à l'image de Thiers, qui dénonça à plusieurs reprises devant l'Assemblée les risques que faisait courir à l'équilibre européen une politique étrangère basée sur le principe des nationalités. En 1865, il s'exclamait : « L'un de mes griefs les plus grands contre l'unité italienne, c'est qu'elle est destinée à être la mère de l'unité allemande. Le jour où la Prusse réunirait dans ses mains quarante millions d'Allemands [...], elle ferait courir à la France les plus grands dangers qu'elle ait courus dans son histoire [1]. »

Deux ans plus tard, alors que la Prusse venait de vaincre l'Autriche, Thiers était encore plus prémonitoire en évoquant à la tribune le risque d'une annexion de l'Alsace au nom de son dialecte et de ses origines germaniques : « Cette héroïque Alsace qui, à l'époque de la Révolution, s'est défendue contre l'invasion comme aurait pu le faire une vieille province française, cette Alsace dont nous avons vu les enfants dans nos armées, qui nous a donné Kléber, l'un de nos héros

---

1. *Discours parlementaires de M. Thiers*, Paris, Calmann-Lévy, 1879-1889, t. 11, p. 247.

légendaires, faudra-t-il lui dire : "Vous parlez allemand, donc il faut vous séparer de nous [1] ?" » Sa prémonition n'était encore qu'un cauchemar mais, moins de quatre années plus tard, en 1871, elle devint une réalité. Et, ironie de l'histoire, ce fut Thiers qui dut accepter la cession de ces départements de l'Est.

Du « bon Allemand » aux « fritz », « fridolins », « vert-de-gris », « boches », « doryphores »…

Il aura fallu le choc de la défaite de 1870 et de ces annexions pour que l'opinion française abandonne enfin la prédilection qu'elle manifestait depuis si longtemps pour le pays de Frédéric II. Soudain, cette inclination se mua en haine. Les Français ayant été battus par un pays qu'ils traitaient avec condescendance, ils durent se trouver des excuses et se forgèrent une nouvelle image de l'Allemagne, celle d'un pays brutal et grossier qui avait vaincu la France par surprise. Le *Dictionnaire des idées reçues* de Flaubert illustre le retournement de l'opinion. Avant la guerre, à l'article « Allemands », l'écrivain proposait la définition classique suivante : « Peuple de rêveurs (vieux). » Au lendemain de la défaite, il ajouta : « Ce n'est pas étonnant qu'ils nous aient battus, nous n'étions pas prêts », insistant un peu plus loin : « Allemagne – Toujours précédé de blonde, rêveuse, mais quelle organisation militaire ! »

Flaubert était très modéré, beaucoup plus, par exemple, que les rédacteurs du *Grand Larousse*. Le dictionnaire, qui avant guerre partageait le parti pris libéral

---

1. *Discours parlementaires de M. Thiers, op. cit.*, t. 11, p. 41.

envers la Prusse, retourna radicalement sa veste et proposa, à l'article Prusse, le texte suivant dans son édition de 1875 : « Frédéric II, véritable fléau de l'humanité, auquel les Prussiens décernent le titre de Grand, a augmenté la monarchie prussienne de 1 400 miles de territoires extorqués à ses voisins par la ruse ou par la violence [1]. »

L'édition et la presse suivirent. Les stéréotypes véhiculés sur les Allemands basculèrent du tout au tout, dont certains, entretenus par deux guerres mondiales, restent très vivaces. D'abord, on ne distinguait plus entre Allemand et Prussien, sinon que l'utilisation du second vocable indiquait une intention plus péjorative. Le « bon Allemand » de Mme de Staël était oublié. Le nouveau type d'Allemand était militaire ou, s'il était civil, militaire déguisé ou espion. L'historien Claude Digeon, qui a analysé la littérature et la presse françaises de 1870 à 1914 dans sa thèse intitulée *La Crise allemande de la pensée française*, précise : « Le Français, d'instinct, imaginera l'Allemand sous l'uniforme et toujours dans la position de l'envahisseur ou de l'occupant [2]. » En vérité, cette méfiance trahissait une vraie psychose de l'invasion. Le nouvel Allemand avait également l'esprit collectif et aimait se montrer en groupe. Avant la guerre, l'Allemagne était la patrie de l'individualisme, elle devint soudain, dans l'esprit des Français humiliés, une immense caserne habitée par des automates. Les livres et les journaux de l'époque le montrent comme « un être sans volonté propre, sans personnalité,

---

1. Cité par Pierre Béhar, *Du Ier au IVe Reich*, *op. cit.*, p. 130.
2. Claude Digeon, *La Crise allemande de la pensée française, 1870-1914*, Paris, PUF, 1959, p. 58.

incapable d'initiative [1] ». Dans les Mémoires d'anciens combattants de la guerre de 1870, qui abondaient dans l'édition, les ennemis étaient très souvent présentés comme tels : « Je contemple les fantômes noirs qui marchent sur nous avec cette précision, cette discipline et ce silence de mort ! Il me semble qu'il y a là quelque chose de fatal ; que rien ne peut empêcher cet envahissement et que c'est une tempête de neige qui va rouler sur la France entière [2]... » De la guerre à la vie civile, le glissement de l'image de l'Allemand à l'obéissance aveugle et agressive s'opérait facilement.

Enfin, à l'Allemand balourd et brutal répondait le portrait du petit Français plein d'initiative et d'astuce, qui corrige le manque d'organisation générale du pays par son intelligence individuelle. À voir et à revoir certains films français, tels ceux de *La Septième Compagnie*, il n'est pas certain que ces stéréotypes aient beaucoup évolué. *La Dernière Classe* d'Alphonse Daudet, *Boule de suif, Mademoiselle Fifi* ou *Le Mariage du lieutenant Laré* de Guy de Maupassant, *La Débâcle* d'Émile Zola, *Face au drapeau* de Jules Verne illustrent à quel point la défaite de 1870 a été une source d'inspiration pour les écrivains français. Ces œuvres proposent un portait à charge des envahisseurs, avec des nuances, et parfois avec moins de sévérité que pour les bourgeois français repus et veules qui ne pensent qu'à leur argent et leur bien-être. Les compagnons de voyage français de *Boule de suif,* qui refusent de lui donner à manger, sont-ils plus sympathiques que l'officier prussien qui exige d'elle des faveurs sexuelles ?

---

1. *Ibid.*, p. 59.
2. Saint-Genest, *Lettres d'un soldat*, Paris, Dentu, 1973, p. 140.

« Vois, la horde au poil fauve assiège tes murailles, / Vil troupeau de sang altéré ; / De la sainte patrie, ils mangent les entrailles, / Ils bavent sur ton sol sacré. / Tous les loups d'outre-Rhin ont mêlé leurs espèces, / Vandale, Germain et Teuton. » Difficile de retrouver dans cette ode consacrée à Paris assiégé le maître du Parnasse Leconte de Lisle, pour qui « l'art, dont la Poésie est l'expression éclatante, est un luxe intellectuel, accessible à de très rares esprits ». Les Allemands restaient les héritiers des tribus barbares qui envahirent la Gaule romaine : ils vivaient depuis toujours hors du monde civilisé. Telle est la constante la plus frappante, qui remontait sans doute à la mémoire de l'extermination, au Ier siècle, de l'armée de Varus par Arminius, premier héros national allemand : l'Allemand était un Germain, et le Germain était un sauvage plus proche de l'animal que de l'homme. C'était en tout cas l'avis d'un certain Gaston Choisy qui, dans un essai intitulé *Chez nos ennemis à la veille de la guerre*, apparentait les Allemands aux « reptiles et aux grands fauves, amis des bas-fonds et des épais fourrés [1] ».

La question allemande a largement dominé le tournant du XIXe au XXe siècle, serpent de mer comparable au rôle que joue aujourd'hui le thème de la crise économique. Mais elle a changé de nature : avant 1870, la question était de savoir si, quand et comment l'Allemagne allait s'unifier. Désormais, la question était de savoir si, quand et comment elle deviendrait la puissance dominante de l'Europe. Dès l'école, les petits Français étaient conditionnés et formés à la crainte et la haine du peuple voisin. En 1907, un manuel d'histoire

---

1. Gaston Choisy, *Chez nos ennemis à la veille de la guerre*, Nabu Press, p. 7.

de quatrième instrumentalisait un épisode du XIVe siècle, l'annexion de Metz au royaume, pour dénoncer « l'odieux abus de la force que les descendants [des Allemands d'alors] ont commis en 1871 [1] ».

Heureusement moins violente que dans la presse et l'édition, la germanophobie était présente à l'école de Jules Ferry. Pas un élève n'ignorait *La Dernière Classe* d'Alphonse Daudet, un récit qui raconte le dernier cours donné en français dans une école de l'Alsace annexée. L'école de la Troisième République enseignait l'éducation civique, qu'elle n'avait pas voulu séparer de l'éducation morale, et qui avait volontiers une tonalité guerrière. De nombreuses villes avaient créé des « bataillons scolaires », qui étaient une sorte de préparation scolaire destinée aux élèves du primaire. Paris a octroyé ainsi en 1881 le crédit confortable de 250 000 francs or pour l'équipement des enfants des écoles constitués en bataillons afin de leur permettre de participer l'année suivante au défilé du 14 juillet en chantant : « Nous sommes les petits enfants / Qui voulons servir la patrie ; / Nous lui donnerons dans dix ans / Une jeune armée aguerrie [2] »... Le patriotisme était devenu une religion laïque, même si, il convient de le signaler, l'arrivée au tournant du siècle d'une vague d'instituteurs pacifistes limita les risques de xénophobie. *Le Tour de France par deux enfants,* qui connut un formidable succès, vantait les charmes et les atouts du pays et évitait toute allusion revancharde au sujet de l'Alsace-Lorraine.

L'opinion publique était aussi très majoritairement patriote. L'engouement, à la fin de la décennie 1880,

---

1. Voir chapitre 2, p. 38.
2. Jean Lestocquoy, *Histoire du patriotisme en France des origines à nos jours*, Paris, Albin Michel, 1968, p. 136.

pour le général Boulanger, surnommé « le général Revanche », et sa popularité subite en sont un symptôme éloquent. Et c'est alors, pour une large part, que s'implanta le courant d'extrême droite nationaliste et revanchard de l'Action française.

Les Français haïssaient les Allemands, qu'ils n'appelaient plus que par des sobriquets péjoratifs. Depuis la guerre de 1870, le mot « boche », dérivé, dit-on, de *albosch*, « tête de bois », utilisé en dialecte alsacien, avait la cote. Verlaine fut, semble-t-il, le premier à faire entrer le mot en littérature : vitupérant les poètes et les artistes symbolistes, il les accusait d'être des « boches [1] ». Les Français ont l'imagination fertile quand il s'agit de moquer et, pendant près de quatre-vingts ans, la liste des surnoms donnés aux Allemands n'a cessé de s'allonger : « pruscos », « chleuhs », « fritz », « frisés », « fridolins », « vert-de-gris »… Le plus évocateur, inventé au temps de la pénurie liée à la Seconde Guerre mondiale, étant sans conteste le surnom de « doryphores ». Jamais sans doute un peuple n'a déployé autant d'efforts pour ridiculiser son voisin en le rebaptisant.

Le Kaiser gesticule

Est-ce à dire que les Français auraient été obnubilés par la Revanche pendant plus de quarante ans et qu'ils auraient suivi le mot d'ordre de Gambetta : « Pensons-y toujours, n'en parlons jamais » ? Au-delà des clichés populaires et de la pensée facile, il a toujours existé un

---

1. Claude Digeon, *La Crise allemande de la pensée française, op. cit.*, p. 396.

sentiment plus nuancé parmi la population. Au tournant du XIXe siècle, l'ambassadeur de Belgique à Paris observait que le pèlerinage annuel à la statue de Strasbourg, place de la Concorde, était devenu un rite qui attirait de moins en moins de monde, à l'exception des « rubans verts », les anciens combattants de la guerre de 1870. Faut-il en conclure que les Français se seraient résignés si les provocations, voulues ou non, et les rodomontades régulières de Guillaume II n'avaient entretenu leur humiliation et ranimé leur patriotisme ? La germanophobie des journaux et de l'homme de la rue fluctuait au gré de la situation internationale et des tensions avec l'Allemagne à la frontière alsacienne, et surtout au Maroc.

Le Reich prit en effet dans ce pays, où la France était en train d'établir son protectorat, deux initiatives qui mirent Berlin et Paris au bord de la guerre, en 1905 puis en 1911. En 1905, le Kaiser fit escale à Tanger où il déclara dans un discours tonitruant : « Ma visite a pour but de faire savoir que je suis décidé à accomplir ce qui est en mon pouvoir pour sauvegarder efficacement les intérêts de l'Allemagne, puisque je considère le sultan comme un souverain absolument libre. » La guerre fut évitée de justesse, mais Paris dut accepter, sous la pression allemande, le renvoi du ministre des Affaires étrangères français, Théophile Delcassé. « Humiliation sans précédent », « Phénomène unique dans l'histoire », « L'Allemagne parle en maîtresse » : les titres affichés par la presse parisienne montrent qu'elle ne décolérait pas.

Six ans plus tard, en 1911, l'Allemagne envoya la canonnière SMS *Panther* dans la baie d'Agadir pour contrer les menées françaises au Maroc et affirmer les ambitions allemandes en Afrique. Le soutien accordé à Paris par Londres permit d'éviter une nouvelle fois la guerre. La France restait au Maroc, mais cédait à l'Allemagne 272 000 km^2 en Afrique équatoriale. La *Weltpolitik* lancée par Guillaume II et approuvée par une population allemande à la recherche de débouchés économiques et d'une « place au soleil » nourrissait les inquiétudes de l'opinion française, et à juste titre. Toutefois, ce n'était plus tant la question de l'Alsace-Lorraine qui alimentait les craintes que faisait naître l'aspiration allemande à la domination mondiale. L'écrivain Stefan Zweig était en France à l'époque du « coup d'Agadir ». Il assista, dans un cinéma de Tours, à une scène d'une germanophobie insensée qu'il rapporta dans ses Mémoires, *Le Monde d'hier* :

> En cet instant où le Kaiser apparut en image, commença tout à fait spontanément dans l'obscurité un sifflement et un vacarme sauvage. Tout le monde hurlait, sifflait ; femmes, hommes, enfants poussaient des cris de dérision, comme si on les avait offensés. Les braves gens de Tours, qui cependant ne savaient pas plus des événements du monde que ce qui se tenait dans leurs journaux, étaient pour une seconde devenus fous. J'avais peur. J'avais peur jusqu'au plus profond de mon cœur, car je sentais ce que peut être l'empoisonnement par le biais de la propagande de haine menée depuis des années [1].

À l'école du vainqueur

Tous les Français ne versaient pas dans cette germanophobie primaire. Parmi les politiques, les universitaires et ceux qu'on appellera bientôt, à partir de

---

1. Stefan Zweig, *Le Monde d'hier* [1944], Paris, Le Livre de poche, 1996, p. 251.

l'affaire Dreyfus, les « intellectuels », beaucoup s'interrogeaient sur les raisons de la défaite et, par corollaire, sur les causes de la victoire allemande. Ne conviendrait-il pas de se mettre, comme la Prusse avec la France au lendemain du désastre d'Iéna, à l'école du vainqueur dans les domaines où il excellait – la philosophie, la sociologie, l'étude des langues, la science, la recherche appliquée, etc. ?

Dès 1871, Ernest Renan avait écrit dans sa *Réforme intellectuelle et morale* : « Il est clair que si la France voulait imiter son exemple [l'exemple de la Prusse], elle serait prête en moins de temps. Si le mal de la France venait d'un épuisement profond, il n'y aurait rien à faire ; mais tel n'est pas le cas, les ressources sont immenses, il s'agit de les organiser [1]. » Le conseil n'était pas évident à mettre en œuvre car les éternels partisans de la facilité affirmaient que ce n'était qu'un mauvais moment à passer. Il suffisait d'attendre que la Prusse fût écrasée par sa victoire. En 1875 parut un livre-reportage sur la nouvelle Allemagne qui eut un immense succès, *Voyage au pays des milliards* [2]. L'ouvrage expliquait que la rançon de cinq milliards de francs versée par la France avait fait tourner la tête aux Allemands et avait provoqué une folle spéculation, suivie d'une crise brutale en 1873-1874. L'auteur, Victor Tissot, se trompait et n'envisageait les choses qu'à très court terme. Cette crise de croissance qui suivit les années de la fondation du Deuxième Reich, les *Gründerjahre*, les « années fondatrices », fut

---

1. Ernest Renan, *Réforme intellectuelle et morale de la France*, *op. cit.*, p. 101.
2. Victor Tissot, *Voyage au pays des milliards*, Paris, Dentu, 1875.

passagère. En 1914, l'Allemagne était devenue la deuxième puissance économique dans le monde derrière les États-Unis, et la première en Europe avant la Grande-Bretagne et loin devant la France.

Renan avait rappelé que « l'université de Berlin avait été le centre de la régénération de l'Allemagne [1] ». En France, l'université fut également le corps social qui se donna à cœur d'étudier les secrets de la supériorité allemande afin d'en faire profiter la France. La reconnaissance de la supériorité intellectuelle allemande dans de nombreux domaines était une pénible épreuve pour un pays convaincu de « détenir le monopole de la raison et de la civilisation [2] ». Le gouvernement accordait désormais des bourses à de nombreux étudiants désireux d'aller travailler dans des universités allemandes. Une étude consacrée à « l'esprit germanique », publiée par le *Mercure de France* de juillet 1901, soulignait l'attirance exercée par les universités allemandes sur la jeunesse française depuis une trentaine d'années déjà : « Pour des raisons dont le canon de Sedan ne fut pas (n'en déplaise à nos idéalistes) la moins déterminante, la plupart des intelligences françaises se sont faites très hospitalières à tout ce qui porte l'étiquette germanique [3]. » Des voyages d'étude étaient organisés, tel celui, en 1886, d'Émile Durkheim, le père de la sociologie française, qui publia une série d'articles réunis sous le titre *La Philosophie dans les universités allemandes*. Il inaugurait une tradition d'échanges

---

1. Ernest Renan, *Réforme intellectuelle et morale de la France*, Paris, 10/18, 1967, p. 100.
2. Friedrich Sieburg, *Dieu est-il français ?*, *op. cit.*, p. 96.
3. Claude Digeon, *La Crise allemande de la pensée française*, *op. cit.*, p. 475.

de sociologues et de philosophes germanistes parmi lesquels compteront plus tard Raymond Aron et Jean-Paul Sartre.

Cet intérêt pour la culture et l'éducation allemandes n'était pas fortuit. Il était lié à la qualité objective de la formation intellectuelle des jeunes Allemands et à celle de grands maîtres, comme l'historien Theodor Mommsen, spécialiste de l'Antiquité, ou le psychologue et philosophe Wilhelm Wundt. Mais les Français avaient aussi en tête l'idée de combattre l'adversaire avec ses armes à lui. Les universités allemandes avaient développé les chaires de philologie pour faire de cette discipline un outil de recherche sur les origines germaniques. Les Français en firent autant : deux cent cinquante chaires de philologie et d'histoire furent créées entre 1876 et 1879, avec des arrière-pensées nationalistes et l'objectif de donner une vision française de l'origine des langues, de l'histoire des civilisations et, en particulier, de la culture du Moyen Âge. Le philologue Léon Gautier allait d'ailleurs jusqu'à attribuer la victoire de l'Allemagne à sa supériorité dans le domaine de la philologie : « Le Prussien combat de la même façon qu'il critique un texte, avec la même précision et la même méthode [1]. »

Cette emprise intellectuelle, soutenue par l'engouement pour la musique wagnérienne, irritait. Et pas seulement l'extrême droite, dont l'un des porte-paroles, Léon Daudet, écrivait au lendemain d'une représentation de *Lohengrin* en mai 1887 : « Métaphysique allemande, musique allemande, embryologie

---

1. Patrick J. Geary, *Quand les nations refont l'histoire*, *op. cit.*, p. 43.

allemande, neurologie allemande, cela faisait beaucoup d'influences allemandes se succédant à travers une série de têtes françaises [1]. » Daudet fils aurait pu y ajouter l'armée française, priée d'étudier l'organisation et la langue de son homologue pour préparer la revanche.

L'allemand première langue

En 1938, l'ancien saint-cyrien Charles de Gaulle reconnaîtra dans *La France et son armée* : « Bien que beaucoup jugent excessive l'humilité de Renan affirmant que "la victoire de l'Allemagne est celle de la science et de la raison", il reste que, dans l'ordre militaire comme dans les autres, l'esprit français va subir longtemps l'influence de la pensée germanique [2]. » Après la guerre de 1870, les futurs cadres de l'armée passés par l'École militaire de Saint-Cyr, où de Gaulle avait été formé de 1908 à 1912, devaient effectivement savoir lire et parler l'allemand. Ce qui permit d'ailleurs plus tard au président de Gaulle de s'adresser aux jeunes Allemands dans leur langue maternelle et de faire un triomphe en 1962. Le jeune officier de Gaulle avait lu durant sa formation militaire les ouvrages de stratégie de celui que Berlin appelait le nouveau Clausewitz, le général Friedrich von Bernhardi. Dans *L'Allemagne et la prochaine guerre*, paru en 1911, ouvrage qui faisait référence dans l'état-major allemand,

---

1. Léon Daudet, *Souvenirs des milieux littéraires, politiques, artistiques et médicaux*, Paris, Robert Laffont, 1992, p. 234.
2. Charles de Gaulle, *La France et son armée*, Paris, Plon, 1938, p. 195.

Bernhardi annonçait que la « stratégie de l'avenir, ne ménageant rien ni personne, devrait systématiquement abréger les résistances en donnant au futur conflit un caractère d'épouvante aussi brutal que possible [1] ». Sa prévision ne fut vérifiée qu'à moitié par les deux guerres mondiales : si la brutalité et l'épouvante furent de mise, les deux conflits durèrent plus de quatre ans pour l'un, près de six pour l'autre.

Obligatoire pour les futurs officiers, l'apprentissage de l'allemand était fortement conseillé aux lycéens depuis 1870, mais là encore avec des arrière-pensées pratiques et hostiles, que l'historien Jacques Bainville a su décrire :

> Il s'agissait de fixer sur le vainqueur l'attention des jeunes Français, de les initier aux mœurs et à l'esprit de l'Allemagne, de leur mettre en main l'instrument par lequel, plus tard, devenus soldats, diplomates, commerçants ou ingénieurs, ils pénétreraient les secrets de l'ennemi, analyseraient ses méthodes, observeraient ses préparatifs, de telle manière que la France ne fût plus surprise. On voulut alors savoir l'allemand par patriotisme. L'étude de l'allemand, à laquelle au lycée étaient consacrés, de préférence à l'anglais, les quatre cinquièmes des collégiens, était regardée comme faisant partie de la préparation à la revanche [2].

Jacques Bainville insistait sur la dimension stratégique de l'enseignement de l'allemand mais, au tournant du siècle, une enquête parlementaire sur le sujet mettait l'accent sur sa dimension économique : « Les souffrances incontestables du pays au point de vue éco-

---

1. *Ibid.*, p. 225.
2. *Action française*, 10 octobre 1915.

nomique, la perte de son rang relatif parmi les nations dans le domaine de la production ne paraissent pas sans rapport avec le manque d'adaptation de l'enseignement public actuel aux besoins économiques du moment [1]. »

Ce regard est particulièrement intéressant de nos jours où la puissance économique décide de l'influence des nations. L'Allemagne est redevenue la première puissance économique européenne. Mais l'enseignement de sa langue en France n'a pas suivi. Il connaît au contraire un déclin qui semble de plus en plus inexorable. Il suffit de citer un exemple qui prend des allures de symbole : le tiers seulement des journalistes français d'Arte, chaîne de télévision franco-allemande, parlent l'allemand, tandis que les journalistes d'Arte Deutschland pratiquent tous notre langue. Les chiffres de l'Éducation nationale sont aussi éloquents : pour s'en tenir à la période récente, le nombre d'élèves du second degré inscrits en allemand a chuté de 1,31 million en 1995 à 823 000 en 2012, au profit de l'anglais, la *lingua franca* de notre temps, qui séduit plus de 5,33 millions d'élèves, et de l'espagnol, dont les effectifs sont passés de 1,65 million à près de 4 millions au cours de la même période [2]. Pourquoi cette vogue de l'espagnol ? Essentiellement parce qu'il est réputé plus facile, ce qui conduit à des situations absurdes comme celle que releva le sociologue Ingo Kolboom à Verdun, où il y avait plus d'élèves en espagnol qu'en

---

1. Cité dans *Allemagne d'aujourd'hui*, janvier-mars 1996, n° 135, p. 13.
2. Jean-Michel Hannequart, étude réalisée pour l'Association des germanistes de l'enseignement supérieur, juin 2013.

allemand : « Ont-ils la moindre chance que l'espagnol leur serve à trouver un emploi, alors que les entreprises allemandes embauchent à quelques dizaines de kilomètres [1] ? »

Il est évident que l'allemand souffre de la difficulté intrinsèque de la langue pour un Français, mais aussi du peu d'attrait qu'exerce la culture allemande contemporaine sur la jeunesse. (Une exception confirme la règle : l'aventure du groupe de rock Tokio Hotel il y a quelques années : la musique de ce groupe enthousiasma tellement la jeunesse française qu'il s'ensuivit une vague, éphémère, d'inscriptions en allemand.) Pourquoi apprendre l'allemand quand les Allemands eux-mêmes répugnent à défendre leur langue et préfèrent parler l'anglais pour mener leurs affaires avec les étrangers ? Il y a loin de l'ambition du général de Gaulle, qui voulait fonder le couple franco-allemand sur le bilinguisme.

La France en deuxième catégorie

Sur les plans universitaires, scientifiques et militaires, la France fit donc de réels efforts pour rattraper l'écart avec l'Allemagne que la guerre de 1870 avait si crûment mis à nu. En revanche, il n'en fut pas de même dans les domaines industriels, commerciaux et sociaux. Nous y retrouvons aujourd'hui encore les mêmes retards et les mêmes décalages. Notre propos n'est pas ici de développer les raisons bien connues du retard pris par l'industrie française à la fin du XIXe siècle. Mais

---

1. Entretien avec l'auteur, 19 février 2013.

il est intéressant de se pencher sur les trois facteurs de ce retard qui, aujourd'hui encore, sont à l'origine des divergences de compétitivité entre les deux pays, au détriment de la France : la recherche appliquée, le marketing, les rapports entre les hommes et l'entreprise.

Renan l'avait bien dit : « L'enseignement doit surtout être scientifique [1]. » Mais il avait un esprit parfaitement français, fondamentalement étatiste, et il n'avait pas préconisé ce qui fut un des moteurs du premier miracle économique allemand : la symbiose de la science et de l'industrie, l'application industrielle rapide des découvertes scientifiques. Alors qu'en France recherche théorique et applications industrielles demeurent soigneusement séparées, en Allemagne, les universités forment des ingénieurs et des techniciens, les villes et les régions se dotent d'écoles professionnelles de haut niveau, et les entreprises attirent les savants dans des laboratoires entretenus à grands frais. Il semble malheureusement que l'insuffisance de la recherche appliquée reste un handicap français.

Deuxième avantage relatif de l'économie allemande sur la nôtre : le sens du marketing, déjà en œuvre avant l'apparition du mot dans notre vocabulaire courant. L'Allemagne n'avait pas de colonies, ou très peu, elle n'avait donc pas de pacte colonial permettant de protéger les ventes ou les achats de ses entreprises. Ce manque, conjuguée à l'ancienne tradition commerciale de la Hanse des Buddenbrook, la célèbre famille du roman de Thomas Mann, contribua à donner aux représentants de commerce allemands une combativité

---

1. Ernest Renan, *Réforme intellectuelle et morale de la France*, *op. cit.*, p. 152.

exceptionnelle, parfaitement décrite dans un rapport envoyé en 1906 par le consul anglais en Espagne qui s'inquiétait de l'invasion des marchandises allemandes :

> L'Allemand a pris pour règle de contenter les goûts, les convenances et la bourse des clients. Que ces goûts lui semblent barbares, inexplicables, déraisonnables, n'importe ; il pliera toujours sa fabrication aux demandes les plus fantastiques. Quant aux convenances, il s'acharne à supprimer toute peine à son client. Il catalogue et facture toutes ses marchandises franco à domicile, fret et douanes comprises, dans la monnaie du pays et au cours de la place. Le client ne peut avoir de surprise désagréable sur le prix de revient [1].

Troisième clé de la compétitivité des entreprises allemandes, au-delà des différences de tempérament entre les deux peuples : les relations entre les hommes et l'entreprise sont très spécifiques. La politique contractuelle allemande est d'une nature très différente de la nôtre. En France, la violente répression des ouvriers lors des événements de juin 1848, puis l'écrasement encore plus sanglant de la Commune en 1871 élevèrent entre la classe ouvrière et la bourgeoisie ou les patrons un mur qui ne fut jamais vraiment abattu. En Allemagne, une série de lois promulguées entre 1883 et 1889 permirent l'application de réformes sociales que les salariés français mirent des décennies à imposer au prix de coûteux mouvements sociaux, comme les assurances sociales ou les caisses de retraite. Le fait est que le Reich était socialement plus avancé que la République française, et Bismarck socialement plus

---

1. Victor Bérard dans *L'Angleterre et l'Impérialisme*, Paris, Armand Colin, 1911, p. 134.

progressiste que Jules Ferry ou Georges Clemenceau. Car ces lois sont un des piliers de ce fameux consensus social qui est au cœur de l'économie sociale de marché, donc du second miracle allemand au lendemain du désastre nazi.

Dans un tel contexte, il n'est guère étonnant que la montée en puissance du nouveau Reich ait entraîné la vision d'une France décadente. Le discours sur le déclin français ne date pas d'aujourd'hui. À l'extérieur comme en France, ils furent nombreux à craindre la *finis galliae*. Le diagnostic était porté dès décembre 1870 par le *Times*, la voix quasi officielle de la Grande-Bretagne : « Puisse le magnanime, le pacifique, le sage, le sérieux peuple allemand faire son unité. Puisse la Germanie devenir la reine du continent […]. C'est le plus grand événement des temps présents dont tout le monde doit désirer l'accomplissement [1]. » Les Britanniques se réjouissaient de la fin d'une grande puissance, la France, sans comprendre qu'une autre, non moins dangereuse, allait éclore.

En Allemagne, le thème du déclin français, comparé au dynamisme allemand, eut évidemment un plus grand succès encore. Le grand spécialiste des rapports franco-allemands François-Georges Dreyfus résume parfaitement la vision que l'Allemagne avait de la nation voisine au début du XXᵉ siècle : « L'Allemagne, certes, voit dans la France l'ennemie héréditaire, mais de plus en plus on méprise un État dont la vie politique est instable, la population stagnante, l'économie archaïque [2]. »

---

1. Cité par Jacques Bainville dans *Histoire de trois générations*, *op. cit.*, p. 197.
2. *Au jardin des malentendus, op. cit.*, p. 82.

Le contraste démographique entre les deux pays avait persuadé les Allemands que les Français étaient un peuple fatigué que sa stérilité volontaire condamnait à la défaite : « Le moment approche où les cinq fils pauvres de la famille allemande viendront facilement à bout du fils unique de la famille française », pouvait-on lire en 1886 dans un ouvrage qui eut un grand succès, *Au pays de la Revanche*. Les chiffres, il est vrai, étaient plus qu'inquiétants pour la France. En 1871, au lendemain de l'annexion de l'Alsace-Lorraine, on comptait 37,5 millions de Français pour un peu moins de 40 millions d'Allemands. En 1914, les Français n'avaient pas atteint la barre des 40 millions, alors qu'il y avait 68 millions d'Allemands, malgré une vague d'émigration aux États-Unis et en Amérique du Sud. Avec un excédent annuel de 800 000 Allemands contre environ 40 000 Français, le déséquilibre démographique, donc militaire, entre les deux pays était condamné à s'accroître à un rythme vertigineux.

Le mépris allemand prit alors des accents machistes qui sonnèrent le glas de la vision staëlienne de l'Allemand rêveur qui ne songeait qu'à « improviser sur clavecin » et s'assoupir dans « une sorte d'atmosphère lourde et chaude » formée par « les poêles, la bière et la fumée du tabac [1] ». Dans *Die Zukunft*, un journaliste réputé du début du XXᵉ siècle, Maximilian Harden, menaçait la « femelle France » de l'offensive du « mâle allemand » qui, si elle ne cédait pas, « étoufferait sa flamme dans le sang [2] ». Le sentiment de supériorité

---

1. Mᵐᵉ de Staël, *De l'Allemagne, op. cit.*, p. 37 et 39.
2. Cité par Edmond Vermeil, *L'Allemagne, essai d'explication, op. cit.*, p. 265.

des Allemands était devenu tel qu'il avait donné naissance au double fantasme d'une France femme et d'une Allemagne mâle. On le trouve même dans la bouche de Bismarck qui, recevant une délégation d'Alsaciens, crut les flatter en leur confiant : « Si je pouvais marier les Françaises à nos meilleurs Allemands, j'obtiendrais une race d'hommes magnifique [1]. »

Ce machisme exprimait évidemment une forte volonté de domination. Ainsi, face à une France qui leur semblait en pleine décadence, les partisans de la Grande Allemagne, du *Großdeutschtum*, se mirent à rêver d'un retour au Saint Empire et d'un démembrement de la France. Il ne faut pas accorder une importance exagérée aux élucubrations des mouvements pangermanistes qui fleurirent à l'époque et dont certains allaient jusqu'à prôner une réduction de la France à un plateau central, avec 20 millions de Français jugés irrécupérables. Ces égarements, diffusés dans les universités et la presse d'outre-Rhin, donnent néanmoins la mesure de l'atmosphère entre les deux pays à la veille de la Grande Guerre, et ils soulignent les risques inhérents à de trop grandes disparités entre voisins.

Risques de guerre mis heureusement à part, la leçon vaut pour notre époque et le décrochage d'une France qui se retrouve face à l'Allemagne dans une situation semblable à celle d'avant 1914 sur de nombreux plans. Les Allemands en sont conscients. À l'automne 1988, un an avant la chute du mur de Berlin, j'évoquais à Francfort en compagnie d'un grand banquier allemand, un des patrons de Commerzbank, Jürgen Reimnitz, les

---

1. Georges Valance, *France-Allemagne, le retour de Bismarck,* Paris, Flammarion, 1990, p. 271.

conséquences sur les rapports entre nos deux pays d'une éventuelle réunification allemande. Il me répondit : « La France, à la veille de la Première Guerre mondiale, pesait la moitié de l'Allemagne. Avec la réunification, elle reviendra à peu près à cette situation, voilà tout. » Et le banquier de jeter un regard nostalgique à travers la grande baie de son bureau, qui donnait vers l'est, où se levait le soleil.

Chapitre 6

LE TEMPS DE LA HAINE

En un peu moins de trois siècles et demi, l'Europe a connu cinq grandes négociations internationales mettant un terme à des guerres entre la France et le monde germanique. Elles clôturaient au total soixante-cinq années de guerre, cent dix si l'on tient compte du fait que le traité de paix de la Seconde Guerre mondiale n'a été signé qu'en 1990.

La première – et la plus longue – fut le congrès de Westphalie, qui mit quatre années (de 1644 à 1648) pour signer la fin de la guerre de Trente Ans. Il est vrai que les discussions se déroulaient en même temps que les combats et que la violence des affrontements n'empêchait pas les délégations de partager les mêmes plaisirs ni d'assister aux mêmes fêtes. En tout cas, l'équilibre européen qui naquit de ces travaux se maintint pendant un siècle et demi.

La deuxième grande négociation fut le congrès de Vienne, qui clôtura en 1815 le cycle des guerres révolutionnaires et napoléoniennes. Les levées en masse que ces guerres avaient nécessitées sonnaient le glas des conflits de l'Ancien Régime, qui respectaient certaines règles et évitaient le pire. Le nationalisme, c'est-à-dire la haine, avait fait irruption dans l'histoire. Même si la diplomatie, elle, avait un temps de retard : le Congrès se déroula dans une atmosphère digne des meilleurs usages du XVIIIe siècle et le représentant du pays vaincu, Talleyrand, fut traité en égal – ou presque – par les vainqueurs.

En 1871, le brutal Bismarck se chargea de corriger ce « retard ». Les discussions qu'il engagea avec les Français relevaient plus du diktat que de la négociation. Il s'était d'ailleurs opposé à la demande de Thiers de réunir un congrès européen car il savait que ce type de réunions « à l'ancienne » aurait exigé de la Prusse qu'elle se conforme aux usages, autrement dit qu'elle n'humilie pas son adversaire et qu'elle modère ses appétits. (Ce qui, au vu de l'histoire qui suivit, eût été aussi bénéfique pour la Prusse que pour l'ensemble de l'Europe.)

En 1919, formellement, c'est un congrès type « congrès de Vienne » qui se réunit à Versailles pour élaborer le traité de paix mettant fin à la Grande Guerre. Sauf que les vaincus n'étaient pas invités à participer aux discussions. Ils ne « négociaient » que par notes écrites avec les Alliés. Le monde entier, ou presque, était à Versailles, mais pas l'Allemagne.

Ce n'était pas le cas lors de la cinquième grande négociation, dite « quatre + deux », qui eut lieu à la fin de l'été 1990 entre les « quatre grands » de 1945 (États-Unis, URSS, Grande-Bretagne et France) et les deux Allemagnes en cours de réunification. L'Allemagne aurait préféré, plutôt qu'un traité, une déclaration unilatérale des quatre mettant fin à leurs droits sur son territoire. Mais Paris et Londres, toujours méfiants, exigèrent que l'Allemagne reconnaisse l'intégralité de ses frontières par un engagement juridique international. Après huit rencontres à peine, plutôt discrètes, de hauts fonctionnaires et quatre réunions des ministres des Affaires étrangères, le « traité portant règlement définitif concernant l'Allemagne » fut signé le 12 septembre 1990 à Moscou. La nouvelle Allemagne avait réussi à échapper à une grande conférence qui n'aurait pas manqué de rappeler ses responsabilités dans le déclenchement et dans la conduite de la guerre. Il n'était pas question pour elle d'être traitée en coupable comme à Versailles – ce qui avait été le cauchemar de plusieurs générations d'Allemands.

De l'humiliation à la haine

Il est vrai que lors du congrès de Versailles, appelé pompeusement « conférence de la Paix », les vainqueurs, notamment les Français, n'avaient épargné aucune humiliation, aucune mesquinerie, aucune piqûre d'amour propre aux plénipotentiaires d'un pays qui avait à affronter la coalition des vainqueurs. Certains de ces camouflets illustraient parfaitement la hargne des Français et de leurs alliés à l'égard des Allemands et la profondeur de la germanophobie ambiante. Le 7 mai 1919, après plusieurs semaines de discussions entre eux, les Alliés convoquèrent les Allemands à l'hôtel Trianon-Palace de Versailles afin de leur remettre le traité de paix. Clemenceau, président de la conférence, ouvrit la séance en quelques mots : « Ce n'est pas ici ni le temps ni le lieu de prononcer des paroles superflues [...], l'heure est venue du lourd règlement de comptes. » La délégation allemande était arrivée avec d'épais dossiers pour négocier ; il ne lui restait plus qu'à les remballer. « Il n'y aura pas de discussion verbale, ajouta Clemenceau. Les observations que pourraient avoir à formuler (dans les quinze jours) les délégués allemands devront être présentées par écrit. »

Ce fut alors au comte von Brockdorff, ministre des Affaires étrangères de la république de Weimar, de prendre la parole. Sans se lever, ce parfait francophone répondit sèchement dans sa propre langue. Il reconnut la défaite de l'Allemagne : « Nous ne méconnaissons pas la grandeur de notre impuissance et l'étendue de notre défaite ; nous savons que la puissance des armes allemandes est brisée [1]. » Mais il refusait de considérer l'Allemagne comme seule responsable de la guerre et niait sa culpabilité : « On nous demande de nous reconnaître seuls coupables de la guerre : une telle affirmation serait dans ma bouche un mensonge. » Enfin, et même si cela fut peu relevé à l'époque, cet ancien officier devenu un diplomate connu pour ses sentiments francophobes dénonça la « puissance de la haine » à l'égard de l'Allemagne, et rappela qu'à l'inverse les pays étrangers avaient face à eux « un peuple allemand rempli de haine ». La répétition du mot haine n'était pas un hasard. La signature finale du traité de paix confirmait le climat hostile entre une France jouissant sans retenue de sa revanche et une Allemagne indignée de se voir humiliée.

Un télégramme du gouvernement allemand, daté du 22 juin, avertit Paris que l'Allemagne était prête à signer le traité, à l'exception des articles 227 à 231,

1. Citations tirées du reportage du *Journal des Débats* du 9 mai 1919.

portant sur la mise en accusation des criminels de guerre, dont « Guillaume II de Hohenzollern, pour offense suprême contre la morale internationale et l'autorité sacrée des traités ». La réponse de Clemenceau fut brutale et immédiate : « Signature inconditionnelle dans les vingt-quatre heures. » En attendant, les armées alliées reçurent l'ordre de franchir le Rhin le lendemain à dix-huit heures. *In extremis*, deux heures avant le terme fixé dans cet ultimatum, un télégramme de soumission arriva à Versailles. Le 28 juin en début d'après-midi, trente-deux délégations, dont celle de la république de Weimar, signèrent un long document bilingue, en français et en anglais, qui comprenait quatre cent quarante articles. La cérémonie se déroula dans la galerie des Glaces du château de Versailles, là où avait été proclamé le Deuxième Reich le 18 janvier 1872.

L'affront fait à la France et à la mémoire de Louis XIV était lavé, même si la cérémonie manquait un peu de solennité. Le Tout-Paris avait envahi le lieu, comme le remarqua alors un proche collaborateur de Clemenceau, le colonel Mordacq : « Ceux qui avaient gagné la guerre, les militaires et surtout les généraux, se trouvaient relégués à une place que Clemenceau et moi, en arrivant, trouvâmes étrange. Trente places seulement avaient été réservées aux poilus, jugés moins décoratifs que les belles dames de la noblesse républicaine [1]. »

Le général Walter von Brockdorff, qui avait démissionné de son poste pour ne pas avoir à signer le traité, avait malheureusement raison : la haine (*die Hass*) était

---

1. Cité par Jean-Baptiste Duroselle, *Clemenceau*, Paris, Fayard, 1988, p. 767.

devenue le sentiment le plus courant entre les deux peuples français et allemand en cette première moitié du XXᵉ siècle. La preuve en fut donnée, quelques années plus tard et *a contrario*, par le titre des Mémoires posthumes du maréchal Rommel, *La Guerre sans haine*. La formule était assez osée de la part d'un officier supérieur de la Wehrmacht dont l'attachement à Hitler était étroitement indexé sur les perspectives de victoire finale du Reich.

Le traumatisme de la Grande Guerre

En 1919, la guerre avait été si atroce, les sacrifices consentis si élevés, le souvenir des tranchées était si présent dans les mémoires qu'il semblait impossible aux anciens combattants, aux familles, aux peuples de ne pas honnir ceux qu'ils considéraient comme responsables de leur malheur. En France, la violence de ces sentiments et ressentiments interdit pendant des décennies toute perspective de réconciliation avec l'Allemagne. Dès 1914, les combats et l'affrontement physique avaient donné lieu à une flambée irrépressible de germanophobie, non seulement dans les tranchées, contre ces « salauds de boches », mais aussi à l'arrière. Tout le monde était mobilisé pour une offensive psychologique destinée à diaboliser l'adversaire et sanctifier son propre camp. *Gesta Dei per Francos*, la devise du temps des croisades, était réactivée. La guerre était une expédition que les descendants des pèlerins effectuaient contre ces nouveaux Huns – l'insulte connaissait alors un grand succès – ou ces nouveaux Attila. C'était même une croisade pour la civilisation, pour l'humanité tout entière. « Chaque Français est de naissance un croisé [1] », écrivait Sieburg au lendemain de la guerre. Pour cet Allemand qui ne nous aimait pas, l'affirmation était une critique car elle dénonçait la prétention de la France à imposer au monde entier sa vision du monde et à revendiquer la primauté de sa culture. Aux yeux des Français, la Grande Guerre opposait la civilisation, par essence française, à la barbarie teutonne, expression jugée redondante.

Le fait est qu'au début de l'offensive allemande les armées du Kaiser firent de leur mieux, semblait-il, pour accréditer l'image de brutalité qui accompagnait les Germains depuis l'Antiquité. Elles envahirent la Belgique en violant une neutralité reconnue au siècle précédent par toutes les puissances européennes, la Prusse comprise. Mais la neutralité de la Belgique n'était-elle pas un « chiffon de papier », suivant ce qu'avait déclaré le chancelier du Reich, Bethmann-Hollweg ? En outre, ces armées réputées si disciplinées, à la prussienne, se livrèrent à des crimes de guerre à répétition sur les civils belges accusés d'être des francs-tireurs, ou du moins de les aider. Une dimension religieuse se mêlait à ces crimes : de nombreux prêtres catholiques furent massacrés par des régiments allemands protestants qui voyaient en eux des espions au service des Français catholiques. Ces exactions scandalisèrent d'autant plus qu'elles étaient exceptionnelles pour l'époque : la guerre de 1870 avait, sauf quelques bavures, respecté les civils. Elles ne furent pas oubliées : leur souvenir précipita des centaines de milliers de Belges, d'Ardennais et de gens du Nord sur les routes au printemps 1940.

---

1. Friedrich Sieburg, *Dieu est-il français ?*, *op. cit.*, p. 58.

Dans l'immédiat, elles alimentèrent une puissante propagande germanophobe. Dès le 4 septembre 1914, Jacques Bainville écrivait dans *L'Action française* que « l'existence de l'Allemagne est incompatible avec la civilisation humaine et le repos du monde » et qu'il faudrait démanteler son unité si l'on ne voulait pas « qu'un jour ou l'autre, les barbares recommencent à fusiller les femmes et les enfants, à brûler les cités, à bombarder les hôpitaux, les bibliothèques, les palais et les églises ». Durant deux ans, les gouvernements français, anglais et belge se livrèrent à une bataille de rapports sur ces crimes de guerre en accusant nommément le gouvernement du Reich. Aujourd'hui encore, le sujet est l'objet d'études : dans une analyse très détaillée, deux historiens irlandais, John Horne et Alan Kramer, ont établi il y a quelques années la réalité des exactions allemandes au début de la Grande Guerre en Belgique et dans le Nord de la France [1]. Ils révèlent que d'août à octobre 1914, près de six mille cinq cents civils belges et français ont été intentionnellement assassinés.

La guerre des images et des mots

Sur le moment, personne n'avait besoin d'études objectives pour dénoncer le camp adverse. Une guerre longue se gagne ou se perd dans les esprits, et tous les moyens étaient bons pour conditionner les gens, de la caricature aux élucubrations prétendument scientifiques, ouvertement germanophobes ou franchement racistes.

---

1. John Horne et Alan Kramer, *1914, les atrocités allemandes*, trad. de l'anglais par Hervé-Marie Benoît, Paris, Tallandier, 2001.

Les Français avaient tous en tête les cartes postales et les affiches glorifiant le soldat français et insultant l'ennemi. Même les enfants étaient mobilisés dans cette guerre de l'image. Tel ce petit garçon habillé en poilu, baïonnette au côté, urinant dans un casque à pointe abandonné par un ennemi vraisemblablement mort. Ou un duo d'enfants déguisés en couple bourgeois observant un personnage hirsute et nu comme une bête, enfermé dans une cage sous une pancarte annonçant : « Boche, espèce vulgaire. » Ou encore une petite fille qui faisait pipi dans un casque à pointe tout en surveillant une cafetière : « Le bon jus que j'fais dans ma p'tite cafetière, / C'est pour mon papa qui s'bat sur le front. / Celui qu'est dans l'casque sous mon p'tit derrière, / Ça sera pour les boches qui étaient des coch... ! (j'ose pas l'dire !) »

Jugés inhumains, les Allemands étaient souvent représentés par les caricaturistes français sous forme de bêtes, particulièrement sous forme de porcs. À tout seigneur tout honneur : Guillaume II et le Kronprinz étaient volontiers peints avec une tête de porc, une queue en tire-bouchon sortant de l'uniforme et une légende appropriée : « Leurs majestés Cochons père et fils. » La littérature, si l'on ose utiliser ce mot, ne manquait pas non plus d'imagination quand il s'agissait d'être excessive. Trois exemples suffisent à illustrer l'hystérie antigermanique qui saisit la France en ces années d'après-guerre.

Le premier ouvrage, *Nous et eux, commentaire sur la guerre des Boches,* paru en 1915, était dû à l'écrivain André Suarès. Il dénonçait la « nouvelle barbarie » :

L'Allemand est l'ennemi le plus fort et le plus atroce que peuple ait jamais eu. On a fait de lui l'automate de la destruction. Ses armées sont les légions infernales de la guerre. Il n'est plus homme que pour nuire et tuer : nuire avec calcul et savamment tuer. Sa méthode du mal est la perfection de toutes ses disciplines [...] De les appeler barbares, ce n'est pas assez. Il fallait fixer l'image de la nouvelle barbarie, qui elle-même a nom *Koultour* [sic]. La voici : la tête carrée à lunettes ; la brute à brevets ; le docteur en meurtre, en mensonge, en outrage, en incendie ; l'outrecuidance faite homme ; la rage de détruire au nom de Dieu. Le barbare à tête d'Allemand, c'est le Boche [1].

Le deuxième ouvrage émanait d'un médecin d'origine danoise, John de Christmas, et était intitulé *Le Traitement des prisonniers français en Allemagne*. Le médecin en appelait à une « haine éternelle qui devient, pour nous, Français, le premier, le plus sacré des devoirs » et feignait de s'interroger : « Pourquoi les Germains se sont-ils vautrés dans tant d'ignominies ? Quel intérêt ont-ils eu à organiser d'une façon aussi méthodique le Mal, pour le simple plaisir, odieusement sadique, de faire du mal [2] ? »

Le troisième livre était encore plus choquant, voire scandaleux, puisqu'il prenait des habits scientifiques pour salir l'ennemi. *La Polychésie de la race allemande d'après ses caractères objectifs et spécifiques*, écrit en 1915 par un neurologue de l'hôpital de la Salpêtrière, le docteur Edgar Bérillon, constitue certainement le paroxysme de la germanophobie. Ce médecin, directeur de l'École de psycho-

---

1. Jörg von Uthmann, *Le diable est-il allemand ? 200 ans de préjugés franco-allemands*, trad. de l'allemand par Anne Gaudu, Paris, Denoël, 1984, p. 203.

2. John de Christmas, *Le Traitement des prisonniers français en Allemagne*, Paris, Chapelot, 1917, p. 2-3.

logie saisi d'un délire germanophobe, professait que la « race allemande » produisait beaucoup plus de matière fécale (symptôme qu'il appelait la « polychésie ») que les Français. À l'en croire, le fait était vérifié aussi bien historiquement que scientifiquement :

> Dans toutes leurs invasions antérieures, les hordes germaniques s'étaient signalées à l'attention par le débordement d'évacuations intestinales dont elles jalonnaient leur marche [...]. Déjà, du temps de Louis XIV, on disait que, par le seul aspect de l'énormité des excréments, le voyageur pouvait savoir s'il avait franchi les limites du Bas-Rhin et s'il était entré dans le Palatinat [1].

Pour Bérillon, il était également acquis que l'Allemand « dégage une odeur spécifique, *sui generis*, particulièrement fétide, nauséabonde, imprégnante et persistante ».

La teneur de ces propos nauséabonds montre à quel point la détestation de l'Allemagne pouvait aveugler les Français, fussent-ils agrégés de médecine. Pendant la Seconde Guerre mondiale, l'occupant sera tenté, dit-on, d'envoyer le docteur Bérillon en camp de concentration. C'eût été de l'ingratitude envers un homme dont les élucubrations racistes annonçaient si parfaitement les folles théories raciales et antisémites des nazis.

Un traité nuisible

Une fois la paix revenue, Bérillon fut vite oublié, mais le terreau de sa folie, la germanophobie, était loin

---

1. Edgar Bérillon, *La Polychésie de la race allemande*, Paris, Maloine et Fils, 1915, p. 2.

d'avoir disparu, alors qu'en Allemagne l'aversion pour tout ce qui était français était plus forte que jamais. Il est vrai que le traité de Versailles était un mauvais traité. Un bon traité clôt une époque, corrige des déséquilibres devenus insupportables et met en place un nouvel équilibre entre les puissances. Certes, il donne une prime aux vainqueurs, mais il ne leur accorde pas une position dominante au point de créer un nouveau déséquilibre. Il sanctionne les vaincus, mais il veille à les ménager afin de minimiser leur humiliation et leur volonté de revanche. C'est ce qu'avaient su faire Mazarin à Münster en 1648 et Metternich à Vienne en 1815, mais ce que, quoi qu'il en dît plus tard, Bismarck n'avait même pas cherché à obtenir en 1871. Enfin, c'est ce que les Alliés ont raté en 1919, en dépit de nombreuses déclarations pleines de bonnes intentions.

Georges Clemenceau, à qui l'on demandait, au lendemain de la signature du traité de Versailles, s'il était satisfait, répondit, désabusé : « Oui ! mais il y a toujours vingt millions d'Allemands de trop. » Ce qui signifiait : « Oui ! mais l'Allemagne demeure potentiellement plus forte que la France. » En effet, si les Français étaient restés aussi hostiles à l'Allemagne vaincue au lendemain de la victoire, c'est parce qu'ils n'avaient pas atteint leur véritable but de guerre : éliminer la menace que constituait le maintien aux frontières d'un Reich allemand unifié, plus peuplé, capable de mobiliser davantage de soldats et disposant d'une industrie puissante, dont pas une seule usine n'avait été détruite. Oui, les Français avaient gagné la guerre, mais à moins une. Sans le soutien des Alliés, l'hexagone aurait fini par être submergé. Les Français en avaient conscience et l'angoisse qui les étreignait depuis 1871 persistait. Ils continuaient à conspuer les Allemands parce qu'ils continuaient à en avoir peur. Et parce que les stigmates du grand carnage étaient partout présents.

Une large partie du pays était ravagée alors que le territoire allemand était intact. Il n'était guère de famille qui n'ait connu un deuil. Veuves, orphelins, mutilés, jeunes femmes qui ne trouvaient pas de compagnons : la nation était blessée dans sa chair, dans son capital génétique, et l'on voulait qu'elle soit sereine et généreuse ! La victoire avait été trop coûteuse pour ne pas avoir des airs de défaite. Il n'y avait pas que la loterie nationale à afficher des gueules cassées.

Les Français avaient également souffert dans leur porte-monnaie, leurs chères économies. Ils n'étaient pas près de pardonner cet appauvrissement à ceux qu'ils considéraient comme les responsables du cataclysme qui avait balayé l'Europe. L'addition était élevée pour les champions du monde de l'épargne. La dévaluation du franc, qui suivit la guerre, rongea la rente, le système de retraite de l'époque. Les vingt milliards de francs or placés en emprunts russes étaient purement et simplement perdus depuis que le gouvernement bolchevique avait fait la paix avec l'Allemagne et décrété « l'annulation sans conditions de tous les emprunts étrangers ». Répondant aux appels de la « campagne de l'or », le premier téléthon de l'histoire lancé en 1915, les ménages français échangèrent plus de 2,3 milliards de francs en pièces contre des certificats de papier bientôt rongés par la hausse des prix et la dévaluation de la monnaie. Alors que les plus égoïstes gardèrent leurs napoléons, qui ne cessèrent de prendre de la valeur.

Enfin, les réticences de Berlin à régler la facture des réparations imposées par le traité de Versailles enrageaient une opinion française à laquelle les ministres ne cessaient de promettre : « Le Boche paiera. » Il aurait fallu que les Français fussent des saints pour oublier leurs griefs à l'égard de l'Allemagne alors que les responsables politiques ne proposaient aucun schéma de réconciliation, comme ce sera heureusement le cas au lendemain de l'autre guerre mondiale.

« Une paix trop douce pour ce qu'elle a de dur »

Le traité de Versailles n'était pas une œuvre purement française. Il était le résultat de compromis entre les demandes et les intérêts de la France, de la Grande-Bretagne et des États-Unis. Pourtant, c'est surtout à la France que s'en prit l'opinion allemande, et pour quatre types de raisons au moins.

Depuis plus d'un siècle, les Allemands considéraient la France comme l'ennemi héréditaire de leur patrie. Ils étaient nombreux à partager l'opinion d'un prisonnier politique de la prison de Landsberg, un certain Adolf Hitler, condamné pour sa participation à une tentative de putsch à Munich en 1923. Dans son livre-programme, *Mein Kampf*, ce dernier écrivait :

> L'implacable ennemi mortel du peuple allemand est et reste la France. Quel que soit le parti qui la dirige, les Bourbons ou les Jacobins, les Bonapartistes ou des démocrates bourgeois, des Républicains cléricaux ou des

bolchevistes rouges : le but final de leur activité extérieure sera toujours de tenter de s'emparer de la frontière du Rhin et de faire de ce fleuve une forteresse avec une Allemagne en morceaux [1].

Le programme de Hitler, porté au pouvoir par des moyens démocratiques, sera mis en place, entre autres, grâce à l'exploitation outrancière de boucs émissaires : à l'extérieur, la France et les « Rouges », à l'intérieur, surtout, les juifs.

Si le peuple allemand a concentré sa rancœur sur la France, c'est parce qu'il voyait en elle son principal adversaire. Le raisonnement était le suivant : l'Allemagne avait perdu la guerre parce qu'elle avait dû affronter une grande coalition, mais surtout parce que la France avait tenu lors du choc initial et avait pris la tête de cette coalition. Sans la résistance de la France, le continent serait devenu allemand.

Les Allemands avaient aussi parfaitement compris que les Alliés avaient des buts de guerre divergents. Tous ne cherchaient pas à affaiblir systématiquement le Reich. Les États-Unis, au-delà du discours moralisateur du président Wilson, visaient l'ouverture du marché européen pour exporter leurs produits. Les Anglais partageaient cet intérêt commercial, mais ils étaient liés à l'histoire des siècles précédents, c'est pourquoi ils cherchaient à relancer leur politique d'équilibre entre les puissances du continent. La France, elle, était la seule de l'alliance à posséder une frontière terrestre commune avec le Reich, elle avait donc comme objectif prioritaire de la protéger.

---

1. Adolf Hitler, *Mein Kampf,* Munich, Nachfolger, 1933, p. 699.

Enfin, c'était la France qui abritait la conférence de la paix et c'est elle qui lui fournissait son président, Clemenceau. Elle était donc la cible idéale pour les Allemands, blessés et furieux. D'autant, comme nous l'avons vu, que les mesquineries et les coups d'épingle ne manquaient pas, et surtout que la délégation allemande ne fut pas autorisée à participer aux discussions. La tradition diplomatique voulait que, lors des pourparlers de paix, les vaincus fussent, au moins formellement, traités sur un pied d'égalité avec les vainqueurs. Ainsi, l'honneur des vaincus était sauf et ils se sentaient moralement tenus de respecter les accords auxquels ils avaient ainsi collaboré. À Versailles, on crut bon de faire fi de la diplomatie et la signature du document fut imposée aux Allemands par un ultimatum brutal. Cette procédure, en réalité un diktat, se révéla d'autant plus maladroite que les Alliés, bientôt affaiblis par le retour des Américains à l'isolationnisme, eurent de moins en moins les moyens d'imposer le respect du traité à une Allemagne qui, nullement atteinte dans ses ressources profondes, s'imposa à nouveau comme une grande puissance. Les Français virent le danger et tentèrent de revenir à la politique de Richelieu en avançant leur frontière vers le Rhin, puis en suscitant l'apparition de républiques sécessionnistes en Rhénanie et dans le Palatinat, mais les Anglo-Saxons allaient bientôt les rappeler à l'ordre. Jacques Bainville était lucide lorsque, dès le 8 mai 1919, il dénonçait dans *L'Action française* « une paix trop douce pour ce qu'elle a de dur ».

La révolte de l'opinion allemande contre ce que les journaux appelaient « les chaînes de Versailles » fut générale et immédiate. Dès l'annonce de la signature du traité, une foule de manifestants envahit le musée de la Guerre à Berlin et vola les drapeaux français pris par les Allemands au cours de la guerre de 1870, qui devaient être restitués à la France. Ils furent brûlés devant la statue de Frédéric II. Les Allemands n'acceptaient pas le traité, pas plus qu'ils ne reconnaissaient la défaite. En 1871, la France avait officiellement reconnu les responsabilités du gouvernement impérial. Dans une déclaration officielle du 1er mars 1870, l'assemblée nationale française de Bordeaux avait « confirmé la déchéance de Napoléon III et de sa dynastie » et l'avait déclaré « responsable de la ruine, de l'invasion et du démembrement de la France ». C'était une déclaration de ce type que la France de 1919 attendait de l'Allemagne. En vain. Habilement manipulée par les milieux conservateurs et le grand état-major, l'opinion fit sienne la légende du « coup de poignard dans le dos » et dénonça unanimement un traité inique. La clause 231 du traité, qui établissait la culpabilité de l'Allemagne dans le déclenchement de la guerre, indignait profondément les Allemands. Plus tard, les historiens français Marc Bloch et Pierre Renouvin ont montré que cette clause entendait établir une « responsabilité civile » justifiant le paiement de réparations par l'Allemagne, et non une « culpabilité morale [1] ». Mais sur le moment la plaie était à vif et la nuance inaudible. Les Allemands d'alors n'entendaient qu'une chose : ils étaient désignés comme les seuls responsables et les seuls débiteurs. De cette époque date leur conviction que l'Europe ne pense qu'à

1. Jean-Baptiste Duroselle, *Clemenceau, op. cit.*, p. 763.

plonger la main dans leurs poches. An nom, jadis, des réparations ; aujourd'hui, de l'euro.

Le poison des réparations

Que les Alliés, et en particulier la France, le pays qui avait le plus souffert, dussent bénéficier de réparations financières, tout le monde (sauf les Allemands) en était convaincu. Après tout, la Prusse de Bismarck, qui n'avait pas subi le moindre dommage, avait taxé la France de cinq milliards de francs or. Hélas, le système de réparations décidé à Versailles était compliqué, arbitraire et finalement inacceptable. D'abord, à la conclusion du traité, le montant des réparations n'était ni fixé ni connu. Les Alliés imposaient au gouvernement allemand de signer sans savoir combien il devrait payer. Autrement dit, ils leur demandaient de signer un chèque en blanc. En janvier 1921, lorsque le chiffrage fut enfin communiqué, la facture s'élevait à deux cent vingt-six milliards de marks or que le Reich devait régler en quarante-deux ans. Deux générations d'Allemands devaient donc payer la note laissée par leurs parents et grands-parents. Certes, les chiffres furent bientôt révisés à la baisse par les Alliés, mais le mal était fait. L'affaire des réparations pesa lourdement dans le contentieux entre les Français qui s'estimaient floués et les Allemands qui étaient certains d'être volés. En 1923, elle provoqua l'occupation par les troupes françaises et belges de la Ruhr – l'un des facteurs d'une forte inflation allemande cette même année. « C'est pour s'assurer un gage pour le paiement des réparations tout en brisant l'esprit de revanche et de fraude de l'Allemagne [1] », écrivit un journal financier français, que la France et la Belgique avaient décidé d'occuper le bassin de la Ruhr en janvier 1923. Berlin rompit aussitôt les relations diplomatiques avec Paris et Bruxelles avant d'appeler à une résistance passive qui fut très suivie. Les manifestations d'ouvriers se multiplièrent jusqu'au jour où les troupes françaises tirèrent, faisant treize victimes. Sans compter l'exécution d'un militant d'extrême droite, Leo Schlageter, condamné à mort pour sabotage et fusillé. Dont les nazis firent un héros national peu après. Les Français effectuèrent alors plusieurs centaines d'arrestations et envoyèrent des condamnés allemands au bagne de Cayenne. Berlin finit par mettre un terme à la résistance passive, mais les Français étaient plus honnis que jamais. Les noms injurieux pleuvaient sur eux et sur les Allemands collaborateurs, qualifiés par la presse de *Französlinge*, de « fransquillons ». Les campagnes racistes contre les soldats originaires d'Afrique du Nord ou d'Afrique noire se multipliaient, touchant une population qui s'estimait humiliée d'être occupée par des soldats de couleur. Le viol de femmes allemandes par des « Noirs » devint un fantasme qui se répandit dans toute la Rhénanie occupée. Dans sa prison, Hitler décrivait la France comme « un État africain sur le sol européen [2] ». Plus tard, lorsqu'il aura confisqué le pouvoir, il fera gazer les enfants nés de liaisons – consenties ou non – entre femmes allemandes et soldats français de couleur.

Il n'était pas jusqu'à la responsabilité de la grande inflation de l'été et de l'automne 1923 qui ne fût mise au compte des Français. La facture des réparations et

---

1. *Le Journal des Finances*, 9 janvier 1923.
2. Adolf Hitler, *Mein Kampf, op. cit.*, p. XI.

l'occupation de la Ruhr avaient affaibli le mark, c'est vrai, mais le responsable était le gouvernement de Berlin, qui pratiquait la politique du pire. Au lieu de lever des impôts, il préféra emprunter en masse et laisser déraper la monnaie. Ce qui permit à l'État et aux Länder de rembourser leurs dettes de guerre à bon compte, mais l'effondrement du mark ruina la classe moyenne des cadres et des fonctionnaires, les petits salariés et les retraités. En revanche, elle fit les affaires des détenteurs de biens réels : industriels, propriétaires et paysans. Les Français étaient des boucs émissaires fort commodes. Personne n'avait prévu l'ampleur du bouleversement provoqué dans la société allemande par cette crise monétaire : au début de l'année 1919, 1 dollar valait 8,5 marks. En novembre, il en valait 8 millions. « L'inflation, expliquait dans un ouvrage paru en 1931 le diplomate Pierre Viénot, a fait vivre chaque Allemand dans l'impossible. Elle a détruit en lui la notion de certitude. Puisque "cela" a été possible, tout est possible[1]. » Même la folie nazie : « Pas de doute, en particulier, que le microbe du national-socialisme n'ait trouvé dans l'incertitude qui ravage actuellement l'Allemagne le bouillon de culture nécessaire à son développement[2]. »

L'envers de la haine : les tentatives de rapprochements

Les échanges entre la République française et celle de Weimar ne se limitaient heureusement pas à la ges-

---

1. Pierre Viénot, *Incertitudes allemandes*, Paris, Librairie Valois, 1931, p. 78.
2. *Ibid.*, p. 88.

tion conflictuelle des clauses du traité de Versailles. Les relations entre les deux pays connaissaient des embellies sur les plans économique, politique et surtout culturel. En 1921, par exemple, les accords de Wiesbaden devaient permettre à l'Allemagne de s'acquitter d'une partie de sa dette par des livraisons en nature. Ce plan, négocié entre le ministre des Affaires étrangères allemand, le grand industriel Walter Rathenau, et le ministre français, Louis Loucheur, chargé de la reconstruction des régions dévastées, esquissait la philosophie de ce qui serait la Communauté européenne du charbon et de l'acier (la CECA) au lendemain de la Seconde Guerre mondiale : grâce à la coopération des industries des deux pays, les réparations devaient devenir un facteur de croissance pour tous plutôt que d'opérer une ponction stérilisante, facteur de stagnation. Malheureusement, le plan Rathenau-Loucheur se heurta au protectionnisme des patrons français et à l'hostilité des Anglais. Ce fut la fin d'une belle idée et bientôt celle du ministre allemand, assassiné en juin 1922 : l'extrême droite avait éliminé une personnalité – juive – qui aurait pu apaiser le climat et redonner vigueur à la république de Weimar. Rathenau n'avait-il pas opéré deux mois plus tôt un coup diplomatique exceptionnel, l'accord de Rapallo, signé avec l'Union soviétique, qui sortait celle-ci de son isolement pour la première fois ?

Eut lieu ensuite une deuxième embellie entre la France et l'Allemagne, mais également sans grand lendemain : le pacte de Locarno, conclu le 16 octobre 1925 grâce aux efforts du président du Conseil, Aristide Briand, et du ministre des Affaires étrangères, Gustav Stresemann. L'article essentiel du pacte rhénan était le suivant : les pays signataires – outre la France et l'Allemagne, la Grande-Bretagne, la Belgique et l'Italie – garantissaient les frontières entre l'Allemagne, la Belgique et la France. Pour la première fois, le Reich allemand renonçait à l'Alsace-Lorraine par un acte libre, tandis que la Grande-Bretagne apportait sa garantie à la frontière orientale de la France. Il semble que l'opinion allemande ait peu apprécié le geste de son gouvernement. Recevant peu après à Berlin Briand et Laval, et redoutant des incidents, les autorités allemandes exigèrent que les deux ministres voyagent de nuit et qu'un second convoi précède de dix minutes le Nord-Express. Des policiers et des militaires étaient postés tous les cent mètres le long de la voie. La défiance régnait.

Dix ans plus tard, le 7 mars 1936, Hitler envahit la zone démilitarisée de Rhénanie, pourtant elle aussi garantie par le pacte. L'esprit et la lettre de Rapallo étaient morts. La Belgique, constatant la non-intervention française, sortit du pacte et retourna à sa position de neutralité d'avant 1914. Le roi Léopold, déjà sur la voie de la collaboration avec l'Allemagne, déclara : « Il nous faut suivre une politique entièrement belge. Cette politique doit tendre résolument à nous mettre en dehors de tout conflit avec nos voisins[1]. »

Dans le domaine culturel, les sociétés française et allemande cherchèrent également à se rapprocher au lendemain de la Grande Guerre mais, là encore, les échanges furent de courte durée car bientôt étouffés par le nazisme. À côté de ceux que l'on surnommait depuis le XIXᵉ siècle les *Franzosenfresser*, les « bouffeurs de Français », toujours plus affamés, et les « bouffeurs

---

1. Georges Bonnet, *Le Quai d'Orsay sous trois républiques, 1870-1961*, Paris, Fayard, 1961, p. 159.

de Boches », jamais rassasiés, il existait des Allemands et des Français qui souhaitaient se connaître davantage et approfondir une vieille relation, certes houleuse, afin d'éviter une nouvelle catastrophe. Ernst-Robert Curtius était de ceux-là, qui préfaça ainsi son *Essai sur la France* : « Si nous ne réussissons pas à établir la concorde de nos deux pays, nous savons très bien ce qui nous guette : l'effondrement de notre civilisation [1]. » Critique littéraire, Ernst-Robert Curtius avait fait connaître outre-Rhin de jeunes auteurs français comme Marcel Proust, Romain Rolland ou André Gide dans un ouvrage paru dès 1919, qui avait fait scandale : *Les Pionniers littéraires de la France nouvelle*. En France, *La Victoire,* de l'anticonformiste Alfred Fabre-Luce, provoqua son petit effet de scandale lui aussi : l'ouvrage, paru en 1924, mettait en cause l'attitude belliciste de Poincaré en 1914 et lavait l'Allemagne de l'accusation d'avoir été la seule responsable de la guerre [2].

Une petite cohorte de médiateurs s'attelait ainsi à combattre les clichés et à établir des passerelles entre les intellectuels ou les hommes politiques des deux pays. On les trouvait notamment dans le cercle de Colpach, du nom du château de l'industriel luxembourgeois Émile Mayrisch. Ce dernier était un philanthrope qui cherchait à rapprocher les peuples et les anciens belligérants, en particulier la France et l'Allemagne. Il finança le Comité franco-allemand de documentation et d'information, créé en 1926, dont l'antenne berlinoise avait été confiée à Pierre Viénot, et peu après créa l'Entente internationale de l'acier, un

---

1. Ernst-Robert Curtius, *Essai sur la France, op. cit.*, p. 12.
2. Alfred Fabre-Luce, *La Victoire*, Paris, Gallimard, 1924.

cartel de sidérurgistes luxembourgeois, belges, français, allemands et sarrois. Dans sa demeure de Colpach, avec sa femme, Aline de Saint-Hubert, il recevait de nombreuses personnalités : des chercheurs, des hommes politiques et des hommes de lettres, dont André Gide, Jean Schlumberger, Jacques Rivière ou le philosophe Karl Jaspers.

Les échanges culturels n'ont jamais été aussi équilibrés entre les deux pays qu'au temps de la république de Weimar. Longtemps la prédominance française dans ce domaine avait été indiscutée. Puis, sous l'Allemagne wilhelminienne, les Français étaient allés à l'école de leur vainqueur. À présent, les deux sociétés pouvaient rivaliser – pacifiquement – en architecture, peinture, littérature, théâtre et cinéma. Plus la société allemande, dans sa grande majorité, rejetait le modèle démocratique importé de l'Ouest, plus les artistes dénonçaient le comportement des plus fortunés, l'arrogance des castes dirigeantes, dont celle des officiers prussiens, et la montée des idées réactionnaires. En peinture, George Grosz, qui s'était engagé volontairement tout en étant pacifiste et antinationaliste, avait été renvoyé à cause d'une grave dépression liée aux atrocités de la guerre. « Le travail est la solution pour ne pas penser à des sujets violents [1] », dit-il avant de se plonger dans une peinture dominée par le sang, la mort et la couleur rouge. Au cinéma, Fritz Lang dénonçait et annonçait les totalitarismes à venir à travers une esthétique expressionniste qui trouva sa plus belle expression dans *Metropolis*, représentation sublime du monstre dévora-

---

1. Cité dans Sébastien Allard et Daniel Cohn, *De L'Allemagne, de Friedrich à Beckman*, Paris, Louvre éditions, 2013, p. 40.

teur d'hommes, Moloch. Au théâtre, Bertolt Brecht, ancien combattant lui aussi, créa un nouveau style de dramaturgie qui fait aujourd'hui encore figure de modèle chez les metteurs en scène français, un théâtre à la fois engagé, râpeux, didactique et universel. Erich Maria Remarque, autre ancien combattant, publia dès 1929 *À l'Ouest, rien de nouv*eau, qui devint instantanément un chef-d'œuvre mondial de la littérature pacifiste. Enfin, Walter Gropius, tête pensante du courant artistique du Bauhaus, cherchait à concilier esthétique et fonctionnalité en architecture. Les années 1920 et 1930 furent d'une exceptionnelle fécondité en Allemagne, fascinant de nombreux Français, outrepassant et contredisant une germanophobie plus archaïque et apparemment indéracinable.

Kultur et civilisation

Hélas, la créativité inouïe de l'Allemagne de Weimar fut brisée par l'arrivée au pouvoir des nazis. De même que le dialogue culturel qui recommençait à s'esquisser avec la France. L'extrait de *Mein Kampf* cité plus haut montre ce que Hitler pensait de la France et laisse deviner quel sort celui-ci lui aurait réservé en cas de victoire finale. Le dirigeant nazi avait prévu de transformer la France en une réserve gallo-romaine parquée sur le plateau central hercynien au cœur d'un immense Saint Empire romain germanique ressuscité. Après l'Anschluss de 1938, les insignes de l'empire ne seront-ils pas transportés de Vienne à Nuremberg ?

Aux yeux de Hitler, la France était davantage qu'une puissance concurrente classique, telle la Grande-Bretagne.

C'était un pays hypocrite, qui cachait sous un discours universaliste une volonté d'hégémonie et de soumission de l'Allemagne. Un adversaire idéologique qui incarnait une tradition romaine, humaniste, à la fois catholique et révolutionnaire, en opposition radicale avec la tradition germanique. Au début du XIXe siècle, réagissant contre les conquêtes napoléoniennes, donc la Révolution française, les Allemands opposaient la *Kultur* allemande à la civilisation française. La première était réputée plus profonde, plus proche des sources élémentaires de la nature. Il est difficile de comprendre les Verts allemands et leur puissance électorale comparée à celle des Verts français sans avoir à l'esprit la place mythique que la nature, la forêt, le vert tiennent dans l'âme des Allemands de toutes les classes sociales, à toutes les époques, de tous les âges. Dans sa biographie de Bismarck, Emil Ludwig livre ainsi l'étonnant récit des derniers moments du chancelier :

> Bismarck aime les arbres de l'Allemagne. Ce sont des ancêtres, a-t-il dit un jour. Il voudrait maintenant les choisir comme lieux de repos. Il a découvert deux sapins énormes. Il les montre à ses intimes et dit : « C'est là-bas, entre ces arbres, en haut, à l'air libre, caressé par les rayons du soleil et par le souffle du vent frais que je voudrais aller me reposer. La pensée de cette boîte étroite, là, en bas, me fait horreur. » Il parle alors des anciens Germains et des Indiens qui suspendaient leurs morts à la cime des arbres [1].

La civilisation française était réputée superficielle et factice, civilisation au second degré puisque dérivée

---

1. Emil Ludwig, *Bismarck*, Paris, Payot, 1984, p. 215.

d'une antique culture étrangère qui avait déjà atteint sa maturité. Dans son étude sur la France, Sieburg écrivait ainsi : « La conscience française a fini par considérer comme allemand tout ce qui lui était opposé [1]. » Avec l'Allemagne de Guillaume II et de Hitler, c'est plutôt l'inverse qui était vrai. Le monarque et le dictateur ont tout fait pour approfondir le fossé qui séparait la *Kultur* allemande et la civilisation française. Ils se sont évertués, chacun avec des moyens spécifiques et différents, à bâtir un système de gouvernement, de développement intérieur et d'impérialisme extérieur aussi éloigné que possible des valeurs européennes, de la tradition libérale occidentale et de la démocratie parlementaire de type français ou anglo-saxon. Tous deux se fondaient sur le concept de *Sonderweg*, d'un « chemin particulier » propre à l'Allemagne, que les historiens de la République fédérale ont nommé ainsi au lendemain de l'effondrement nazi. Ils s'interrogeaient sur l'« exception allemande » et recherchaient la clé de leur destin, à la fois étonnant et inquiétant. L'Allemagne avait connu une unification politique tardive. Elle n'avait pas, jusqu'en 1949, suivi l'évolution culturelle et politique des pays occidentaux. Or, en soixante-dix ans, elle était devenue à deux reprises la première puissance économique et militaire européenne avant d'être défaite et de s'effondrer.

La tentation germanophile

Dans les années 1930, l'Allemagne était en passe de reprendre sa première place en Europe : fallait-il y voir

---

1. Friedrich Sieburg, *Dieu est-il français ?, op. cit.*, p. 316.

un signe ? Ou est-ce que « l'Allemagne est une planète qui a ses lois de gravitation propres. Rien ne s'y passe exactement comme ailleurs [1] » ? Quoi qu'il en soit, que la francophobie fût érigée en dogme de la religion d'État dans l'Allemagne nazie est évident. Que les Français n'aimaient pas les « Boches » l'est aussi. Néanmoins, un curieux phénomène se produisit en France après l'arrivée au pouvoir de Hitler. Plus le nazisme se faisait menaçant et plus le risque de guerre se rapprochait, plus se développait un courant germanophile aux couleurs de pacifisme. Féroce, Georges Bernanos avait baptisé les intellectuels et journalistes français bienveillants à l'égard de Mussolini de « journalistes italiens de langue française ». Il suffirait de changer le premier adjectif pour qualifier les Français qui adhéraient au Comité France-Allemagne. Cette association avait été fondée le 22 novembre 1935, notamment par Otto Abetz, agent d'influence nazie en France, afin d'exploiter le pacifisme des Français pour étouffer leurs craintes face à la montée en puissance de l'Allemagne nazie. Elle réunissait des industriels et des commerçants, mais également des intellectuels et des journalistes de renom, dont Jules Romains, Pierre Drieu La Rochelle, Robert Brasillach ou Bertrand de Jouvenel. Le désir d'échange, de débat d'idées et de liberté qui caractérisait les années 1920 avait laissé la place à la propagande et à ses procédés, et les adhérents du Comité étaient ravis d'être invités à Berlin par le gouvernement allemand. Ainsi le racontait, non sans ironie, Armand Bérard, alors attaché à l'ambassade de France à Berlin :

---

1. Jacques Bainville, *L'Action française*, 14 novembre 1918.

[Ils] arrivaient au matin à la gare du Zoo, où un officier de la SS de haute taille montait dans le wagon :
– Monsieur Dupont ?
Et l'autre, ému, légèrement inquiet, de balbutier :
– C'est moi.
– Je suis chargé de vous accueillir.
Ils descendent, suivis de madame et de ses cartons. Une section de SS était alignée sur le quai.
– Auriez-vous l'obligeance, monsieur Dupont, de passer en revue ma section ?
Éberlué, plein de fierté, le Français s'exécute.

À l'hôtel, l'officier SS déployait les mêmes attentions, également raillées par Armand Bérard :

Voici votre secrétaire bilingue, voici votre téléphone avec Paris, car, évidemment, un homme de votre importance ne peut rester coupé, même trois jours, de ses affaires. Et madame, le soir, de commenter : – Tu vois, Gustave, seuls les Allemands rendent pleinement hommage à tes capacités. Ah ! c'est bien différent à Paris [1] !

Parmi les voyages de Français invités par les Allemands, ceux qui sont restés dans les mémoires ne sont pourtant pas de ceux qui furent organisés par le Comité France-Allemagne. Ce sont les voyages d'artistes et d'écrivains organisés par Goebbels, où se mêlaient légèreté, aveuglement et propagande. En octobre 1941, huit peintres et sculpteurs, dont Derain, Despiau, Dunoyer de Segonzac, Vlaminck et Van Dongen, partirent en tournée en Allemagne (Braque et Matisse avaient décliné l'invitation). Le même mois, sept écrivains, Pierre Drieu La Rochelle, Robert Brasillach, Ramon Fernandez,

---

1. Armand Bérard, *Un ambassadeur se souvient*, Paris, Plon, 1976, t. 1, p. 282.

André Fraigneau, Jacques Chardonne, Marcel Jouhandeau et Abel Bonnard furent reçus à Weimar où ils visitèrent la maison de Goethe et l'atelier du sculpteur nazi Arno Breker, puis rencontrèrent Goebbels avant d'aller au congrès de Weimar où étaient rassemblés des écrivains de toute l'Europe. (Des voyages similaires étaient prévus pour les cinéastes, les musiciens, etc.) Certains y allaient parce qu'ils imaginaient que l'Allemagne était l'unique rempart contre le bolchevisme, d'autres par conviction et fascination pour l'idéologie et la violence nazies. Dans son journal, en juin 1940, Drieu écrivait ainsi : « Que puis-je encore attendre de la vie ? Rien dans l'ordre terrestre. [...] Deux choses encore : l'étude des religions, la composition de mon âme en vue de la mort – et l'envie de voir ce que devient l'aventure Hitler (mais ça c'est de la manie) [1]. »

Ces Français germanophiles étaient largement manipulés par la propagande nazie qui voulait attirer à elle des noms prestigieux. Mais il arrivait que cette dernière échoue. Comme ce jour de décembre 1941 où l'Institut allemand de Paris offrit un banquet pour fêter les quatre-vingts ans d'Édouard Dujardin, président de l'académie Goncourt, germanophile dès la Première Guerre mondiale. Les membres de l'académie Mallarmé s'étant défilés, le banquet ne rassembla que des Allemands. Les germanophiles de culture – Dujardin avait longtemps dirigé la *Revue wagnérienne* – étaient rares, comparés aux sympathisants de l'idéologie nazie et surtout aux collaborateurs opportunistes, tel ce bougnat de la rue des Mathurins qui avait inscrit sur sa boutique

---

1. Pierre Drieu La Rochelle, *Journal*, Paris, Gallimard, 1992, p. 229.

« Auvergnat' à Gechäeft » ou le patron du journal *Le Matin*, Maurice Bunau-Varilla, qui recevait dans sa salle à manger ornée de petits drapeaux tricolores à croix gammée sur la table, un usage qu'il justifiait ainsi au sculpteur Arno Breker, porte-étendard de l'art nazi : « C'est une tradition ancrée depuis longtemps dans notre maison. C'est le symbole d'une appréciation réciproque et d'une confiance mutuelle [1]. »

Pour faire bonne mesure, il convient d'opposer à ces germanophiles les trente à quarante mille Allemands qui fuirent leur pays pour des raisons politiques ou raciales et furent accueillis en France : ainsi, parmi les écrivains, Thomas et Heinrich Mann, Anna Seghers, Walter Benjamin ou Lion Feuchtwanger, auteur du *Juif Süss*, une nouvelle qui dénonçait l'antisémitisme, avant d'être détournée en 1940 en un film de propagande antisémite. La stupéfiante mésaventure que Feuchtwanger, arrivé dès 1933, connut en France durant la « drôle de guerre », bien avant l'arrivée au pouvoir de Pétain, permet néanmoins de douter des véritables sentiments des autorités françaises à l'égard de ces exilés qui avaient pourtant le même ennemi : l'Allemagne nazie. La guerre déclarée, Feuchtwanger, qui était prêt à se mettre au service de la République française, fut interné dans le camp des Milles avec des milliers d'Allemands et d'Autrichiens. N'était-ce pas là le comble de la germanophobie : interner un antinazi incontestable au lieu d'utiliser ses talents pour combattre l'ennemi commun ?

Il est vrai que, durant la Seconde Guerre mondiale, les références traditionnelles furent bouleversées. Offensive

---

1. Arno Breker, *Paris, Hitler et moi*, Paris, Presses de la Cité, 1970, p. 132.

éclair en 1940 puis effondrement d'une armée française qui se croyait l'une des plus puissantes du monde ; occupation d'une large part du territoire, puis de sa totalité à partir de novembre 1942 ; mise en place à Vichy d'un régime fantoche ; création de milices aux ordres de l'ennemi et de corps de troupes combattant à l'Est sous l'uniforme allemand ; « impitoyable guerre civile », selon la formule d'Henri Amouroux, entre résistants et milices du régime épaulées par les nazis ; libération finale du pays grâce à l'intervention de troupes étrangères : jamais la situation de la France ne fut aussi dramatique ni aussi complexe. En 1914, la situation était lisible : la nation unie – à l'exception de quelques pacifistes – se battait contre l'Allemand détesté. En 1940, l'immense majorité des Français continuaient à haïr les Allemands, mais étaient comme pétrifiés par le choc de la défaite. À droite, certains se réjouissaient de la « République du Front populaire » ou souhaitaient la mise en place d'un régime franche-ment fasciste, tandis que d'autres, à l'extrême gauche, songeaient davantage aux intérêts de l'URSS qu'à ceux de la France, du moins jusqu'à ce que la Wehrmacht, en envahissant la « patrie des Soviets » en 1942, ras-semble les deux causes. Peu à peu, l'humiliation de l'occupation, les exactions commises par les Allemands, l'embrigadement des jeunes hommes dans le Service du travail obligatoire alimentèrent la formation de « l'armée des ombres » avec ses quatre à cinq cent mille résistants.

Tous étaient animés par l'amour de la partie, mais il est difficile de distinguer ce qui, dans leurs motiva-tions, relevait de la haine du fascisme et de la germa-nophobie. Le 22 octobre 1941, les nazis fusillèrent vingt-sept otages à La Sablière, près de Châteaubriant. Ils tombèrent en criant « Vive la France ! » Certains, comme Guy Môquet, ajoutèrent, dit-on : « Vive le peuple allemand ! »

Chapitre 7

Par-delà le bien et le mal : vers l'Europe

S'il fallait une date anniversaire, un 14 juillet européen commémorant la disparition de l'« ennemi héréditaire » et l'amorce de la réconciliation franco-allemande, aucun doute ne serait permis, paraît-il. Ce serait le 23 janvier 1963, date à laquelle le général de Gaulle et le chancelier Adenauer signèrent le traité de l'Élysée. Voilà ce qu'affirment régulièrement les chantres de l'amitié franco-allemande obligatoire et des cérémonies officielles ostentatoires. Hélas, l'indifférence des opinions publiques française et allemande, de même que l'ennui perceptible lors des discours de la célébration rituelle du cinquantième anniversaire du traité en janvier 2013, sont significatifs. Le 23 janvier 1963 ne dit rien aux peuples, pas plus que la date qui serait plus légitime historiquement : le 9 mai 1950, cinq ans, plus un jour, après la capitulation du Troisième Reich.

163

Les prémices de l'Europe
ou le plomb transformé en or

Mercredi 9 mai 1950 donc, dix-sept heures. Une centaine de journalistes français et étrangers, rassemblés à la hâte, se pressent dans le salon de l'Horloge du Quai d'Orsay pour écouter une « déclaration importante » du ministre des Affaires étrangères, Robert Schuman. Né au Luxembourg de parents lorrains, Allemand jusqu'en 1918, c'est avec un fort accent de l'Est que ce dernier annonce : « Messieurs, il n'est plus question de vaines paroles, mais d'un acte hardi, d'un acte constructif [...]. La France accomplit le premier acte décisif de la construction européenne et y associe l'Allemagne. » Le ministre propose de placer l'ensemble de la production franco-allemande de charbon et d'acier sous le contrôle d'une Haute Autorité commune, ouverte, bien sûr, aux autres partenaires européens. L'idée, qui vient du commissaire au plan Jean Monnet, représente un bouleversement inimaginable, digne d'un alchimiste transformant le plomb en or. Car il s'agit de métamorphoser en fondement de la construction européenne ce qui est à la fois un objet de conflit entre les deux pays et la base de toute politique d'armement : le charbon et l'acier.

Adenauer, informé secrètement des grandes lignes du projet, réunit le soir même à Bonn une conférence de presse et s'empressa de donner son accord de principe à un montage qui présentait deux grands avantages pour l'Allemagne : il refaisait d'elle un partenaire à égalité de droits dans un domaine important et il lui permettait de récupérer sa souveraineté (quoique partagée) sur la Ruhr, tandis que la France aurait désormais son mot à dire dans la gestion de l'industrie lourde alle-mande. C'était ce que l'on n'appelait pas encore une opération « gagnant-gagnant », et pour la première fois depuis la fin de la guerre, les autorités allemandes approuvèrent en toute liberté une proposition venant de Paris. Un diplomate français en poste dans la capi-tale de la nouvelle République fédérale notait alors dans ses carnets : « La conférence de presse d'Adenauer s'est terminée au milieu d'une émotion et d'un enthou-siasme incroyables [1]. » Cinq jours plus tard, il ajoutait : « Un changement total d'atmosphère est intervenu depuis la proposition Schuman. La période des oppo-sitions et des chicanes est close. Un chapitre nouveau commence dans les relations franco-allemandes. » À Paris, Robert Schuman évoquait un « acte hardi » des-tiné à éliminer « l'opposition séculaire de la France et de l'Allemagne ». L'Europe supranationale pointait son nez, avec l'apparition de la première autorité de type fédéral : le 18 avril 1951 fut signé le traité instituant la Communauté européenne du charbon et de l'acier, la CECA, qui s'installa à Luxembourg le 10 août 1952. Le président de la Communauté n'était autre que Jean Monnet.

La dimension fédérale de l'opération n'échappa évi-demment pas à ceux qui étaient hostiles à l'intégration européenne, pour des raisons diverses. En Allemagne, le Parti social-démocrate, proche de l'Église protestante, était peu francophile et avait tendance à voir dans la politique de Konrad Adenauer la main du Vatican. Il redoutait que le plan Schuman n'accentue l'orientation

---

1. Armand Bérard, *Un ambassadeur se souvient, op. cit.*, t. 2, p. 313.

à l'Ouest de la République fédérale et rende impossible une réunification qu'il attendait d'un accord avec l'Union soviétique. Son patron, Kurt Schumacher, n'avait pas oublié que, dans les années 1920, Adenauer avait été tenté par le séparatisme rhénan. Il le soupçonnait de préférer une petite Allemagne où les catholiques feraient à peu près jeu égal avec un grand Reich à large majorité protestante. Il se livra à une vigoureuse campagne contre le plan Schuman, avertissant : « Les Allemands sont en train de souscrire à une prolongation de cinquante ans de l'occupation », et brandissant l'épouvantail des « quatre K » : *Kapitalismus, Klerikalismus, Konservatismus, Kartelle,* en écho aux « trois K » qui enfermaient les femmes allemandes depuis Guillaume II : *Kinder, Küche, Kirche* (enfants, cuisine, église).

En France, de Gaulle, qui refusait par principe tout ce qui était supranational, se gaussait, depuis Colombey-les-Deux-Églises, où il s'était retiré, de ce « méli-mélo de charbon et d'acier ». Outre le plan Schuman, il dénonçait l'abandon d'une des revendications de la France depuis la chute du Troisième Reich : l'internationalisation de la Ruhr, autrement dit sa séparation de l'Allemagne et la mise en place dans la région d'une administration autonome, d'une police particulière et d'une force militaire internationale d'une cinquantaine de milliers d'hommes. En réalité, de Gaulle protestait pour le principe car l'ancien chef du gouvernement ne savait que trop bien que les Alliés n'avaient jamais voulu entendre parler de ce projet. Il était illusoire d'envisager des modifications de statut de territoires allemands depuis la naissance de la République fédérale le 23 mai 1949. Seul le statut de la Sarre, rattachée économiquement à la France, demeurait en suspens.

Enfin, de Gaulle ne nourrissait aucune animosité à l'égard d'Adenauer, ce « bon Allemand », comme il le qualifia lors d'une conférence de presse tenue le 16 mars 1950, moins de deux mois avant la déclaration de Robert Schuman : « Le chancelier Adenauer est partisan d'une entente, et, peut-être un jour, d'une union entre les deux peuples. Il y a trente ans que je suis avec intérêt et considération les actes et les propos de Konrad Adenauer. Il m'a semblé à plusieurs reprises percevoir dans ce que dit ce bon Allemand une sorte d'écho à l'appel de l'Europe, ruinée, disloquée, sanglante et qui appelle ses enfants à s'unir [1]. »

Ce n'étaient pas là propos de germanophobe, contrairement à ceux que tenaient les dirigeants communistes, violemment hostiles au plan Schuman. Le « parti des cent mille fusillés » avait fait de la germanophobie, sentiment toujours très fort dans l'opinion, l'un de ses chevaux de bataille. D'abord parce qu'il cherchait à faire oublier son ralliement au pacte germano-soviétique de 1939. Ensuite, parce qu'il était traditionnellement protectionniste. Enfin, et surtout, parce qu'il était aux ordres de Staline, opposé à toute intégration des États de l'Europe de l'Ouest, qu'il ne contrôlait pas. « Nouvelle trahison, nouveau pas vers la guerre », dénonçait *L'Humanité* en apprenant la signature de l'accord. À la tribune de l'Assemblée, les députés communistes s'en prenaient violemment à Schuman et dénonçaient ses origines allemandes. « Sortez le Boche ! » hurla un de ses dirigeants, Jacques Duclos, à l'adresse du ministre

---

1. Ernst Weisenfeld, *Quelle Allemagne pour la France ? La politique étrangère française et l'unité allemande depuis 1944*, trad. de l'allemand par Jeanne Étoré, Armand Colin, 1989, p. 54.

des Affaires étrangères, qui avait été l'un des premiers parlementaires français arrêtés par les nazis. Il est vrai que le « patron » de Jacques Duclos, Maurice Thorez, ne risquait pas de connaître une telle mésaventure : il avait déserté l'armée française pour se réfugier à Moscou dès septembre 1939.

Le rideau de soie

Le Parti communiste, plus à l'école des masses que nous ne l'imaginons aujourd'hui, n'avait guère de mal ni de scrupules à exploiter une germanophobie encore très virulente. Dans un essai publié en 1946, *L'Enseigne de Gersaint*, l'un de ses plus brillants écrivains, Louis Aragon, qualifiait les Allemands dans leur ensemble de « peuple coupable » et, étendant son antigermanisme à la culture, demandait que *toutes* les œuvres d'art françaises se trouvant dans les musées allemands fussent restituées à la France – *toutes*, c'est-à-dire pas uniquement celles qui avaient été volées par les nazis. Dans les années 1950 encore, l'édition fourmillait d'ouvrages qui, sous couvert d'éclairer les mystères de l'âme allemande, étaient de véritables réquisitoires contre le voisin redouté : *L'Allemagne, essai d'explication*, d'Edmond Vermeil, *Faiblesse de l'Allemagne* d'Albert Béguin, ou encore le roman de Jean-Louis Curtis, *Siegfried*... tous faisaient le procès d'une Allemagne éternelle. L'acte d'accusation s'était encore alourdi avec les crimes de l'hitlérisme : les Allemands étaient des barbares, et les atrocités nazies étaient la conclusion fatale de leur histoire. Le roman de Curtis paru en 1946, *Siegfried*, mettait en scène un jeune Français interpellant un Allemand de son âge au lendemain de la guerre :

> Tu es un primitif. Toi et tes camarades, et toutes ces cohortes de garçons et de filles, qui marchaient au pas en chantant des hymnes guerriers et défaillaient à la vue du Führer, vous êtes des primitifs. Perdre connaissance à la vue d'un chef ! Les gardes germaniques de Caligula devaient avoir les mêmes réactions devant César. Vous êtes pareils à vos ancêtres d'il y a deux mille ans. Vous êtes des primitifs [1].

Fruit des atrocités nazies, cette germanophobie était également entretenue par les difficultés de l'après-guerre. Les Français espéraient que la Libération serait suivie d'une amélioration rapide de leurs conditions d'existence, ne fût-ce que grâce à la fin des pillages de l'occupant : l'État n'avait plus à verser la somme déraisonnable de quatre cents millions de francs par jour à titre de frais d'occupation. Grâce à cette rançon et à un taux de change spoliateur, imposé par Berlin, de 20 francs pour 1 mark (mesuré en pouvoir d'achat, le mark ne valait pas plus de 11 francs), les « doryphores » germaniques avaient pillé le pays durant quatre ans.

Le pays se retrouvait presque sans locomotives, wagons, camions ou chevaux et la destruction de voies ferrées, de ponts et de ports paralysait l'activité économique. Si bien que les tickets de pain avaient survécu à la Libération – pendant quelques mois, les rations furent même inférieures à celles de l'époque de la guerre. Des graffitis enragés apparaissaient sur les murs, qui n'accusaient plus les Allemands de la pénurie,

---

1. Jean-Louis Curtis, *Siegfried*, Paris, Julliard, 1946, p. 82.

mais souhaitaient paradoxalement leur retour : « Donnez-nous du pain ou rendez-nous les Boches » ! Un humour noir qui n'enlevait rien à la colère des Français contre ceux qu'ils n'appelaient plus que « les Boches ».

Cette rage trouvait également matière à s'exprimer outre-Rhin, là où stationnaient les troupes d'occupation. Contrairement aux Américains et aux Anglais, les Français vivaient sur l'habitant en exploitant largement les ressources du pays. Comme les Russes, ils estimaient qu'il était normal qu'ils se servent, que c'était un juste retour des choses au vu des ravages provoqués par les Allemands sur leur territoire à eux. À Berlin, le représentant français réquisitionna la propriété d'un grand industriel, la villa Borsig, dont l'entretien requérait à lui seul quatre-vingts jardiniers. À Sarrebruck, le gouverneur Grandval, surnommé par les Sarrois le « vice-roi », fit modifier à trois reprises l'orientation de sa piscine qui ne servait que deux mois par an. À Mayence, le général Kœnig, héros de la bataille de Bir Hakeim et commandant en chef en Allemagne, vivait comme un prince dans un château qu'il avait fait aménager par un architecte prix de Rome :

> Une résidence moderne de style féodal, flanquée d'une tour carrée : salons immenses aux fauteuils bas et pesants de cuir rouge, chaises et tables, qui sont tous dotés d'une tablette inférieure, peu commode. Des portes de bronze commandées électriquement ferment le bureau du gouverneur militaire qui a l'aspect d'une salle de tribunal. Seule est vraiment belle la terrasse avec sa piscine et sa vue sur la vallée du Rhin à travers une coupure dans la forêt[1].

---

1. Armand Bérard, *Un ambassadeur se souvient, op. cit.*, t. 2, p. 196.

C'est ainsi que l'ancien ambassadeur de France en Allemagne, Armand Bérard, décrivait la demeure où le général Kœnig avait pris ses quartiers.

Dans les grades inférieurs de l'armée, être nommé en Allemagne et y emmener sa famille était devenu une sinécure : on s'y nourrissait mieux qu'en France et on était logé chez l'habitant. En 1947, on comptait à Baden-Baden, siège du commandement français, plus de quarante mille Français. Les hauts gradés y étaient en surnombre, avec mille trois cents officiers supérieurs, dont huit cents avaient le grade de colonel. La population allemande en avait fait une fable : « Un lion, échappé de la Forêt-Noire, dévorait chaque matin un colonel français, mais ils étaient si nombreux que personne ne s'en apercevait [1]. » Les habitants se vengeaient par l'humour du comportement sans gêne des Français – tels les Berlinois qui avaient baptisé le monument du soldat inconnu de l'Armée rouge le « monument du pillard inconnu ». Mais le goût du luxe des officiers français provoqua, durant le blocus de Berlin en 1948, un incident franco-américain auquel assistèrent, goguenards, les employés allemands de l'aéroport de Francfort. Un officier américain fit jeter d'un avion des caisses de vin que les Français avaient embarquées pour les officiers de la garnison berlinoise. « Les Français ne vont pas se goberger alors que les Berlinois crèvent de faim ! » s'exclama l'Américain, outré.

Aujourd'hui encore, il n'est pas de colloque sur l'après-guerre en Allemagne sans qu'un intervenant n'évoque « les ravages de la Forêt-Noire » à cause des

---

1. Cité par Marc Hillel, *L'Occupation française en Allemagne, 1945-1949*, Paris, Balland, 1983, p. 12.

coupes de bois commandées par l'occupant – pourtant bien moindres que celles effectuées dans les Vosges et les Ardennes par les nazis –, ou le « rideau de soie » – par référence au rideau de fer – qui aurait séparé la zone française des autres zones occidentales, tant l'attitude des Français était jugée répréhensible. La hargne et l'esprit revanchard qui opposaient les deux peuples étaient à leur comble. Un quotidien de Stuttgart, ville située dans la zone américaine, écrivait en 1948 : « Les Allemands manifestent à l'égard de l'armée française une aversion presque passionnée qui menace de rejaillir sur tout ce qui est français et de dégénérer en haine ouverte [1]. » L'on vit même un journal édité en zone française, donc soumis à la censure française, qui osa comparer le taux des calories allouées dans la zone à celui du camp de Buchenwald [2].

En Allemagne, les réflexes nazis n'avaient pas disparu du jour au lendemain, le soir de la capitulation. Les Allemands ont longtemps refusé d'assumer la responsabilité des camps de la mort, déni illustré par deux anecdotes, dont l'une se déroule à Berlin, l'autre à Munich. Dans l'ancienne capitale, lors d'une séance de cinéma, les actualités passèrent des images des bombardements de Londres et du camp de Buchenwald, quand des cris s'élevèrent dans la salle pour rappeler les bombardements des Alliés : « Et Dresde ? Et les Indes ? » À Munich, les autorités bavaroises décidèrent d'araser une colline proche du camp de Dachau, sous laquelle avaient été découverts des milliers de squelettes. Elles affirmaient avec cynisme qu'il s'agissait de

---

1. *Stuttgarter Zeitung*, 14 juillet 1948 cité par Marc Hillel, *L'Occupation française en Allemagne, op. cit.*, p. 281.
2. *Ibid.*, p. 283.

restes de batailles de l'époque napoléonienne et non de fosses communes de victimes du camp de concentration. Les associations de déportés et les autorités françaises eurent beau s'indigner, il fallut une étude de l'Institut de pathologie de New York pour arbitrer le débat et arrêter les travaux d'arasement.

Il existait un autre point sensible, sujet de discorde entre les autorités allemandes et Paris : l'engagement d'anciens soldats de la Wehrmacht et de membres de la SS dans la Légion étrangère. Dès 1947, la presse allemande des trois autres zones d'occupation fit campagne contre le recrutement de jeunes envoyés en Indochine. Les journalistes allemands cherchaient à se racheter en prenant le parti des insurgés contre les colonialistes français. En accord avec les censeurs britanniques, le *Hamburger Volkszeitung* écrivait ainsi en 1947 : « Nous supplions le Conseil de contrôle allié de fermer sur le territoire allemand tous les bureaux de recrutement de la Légion étrangère et de punir tous les responsables. Et aux peuples et à leurs jeunes qui sont obligés aujourd'hui de défendre leur indépendance et leur souveraineté, nous déclarons : "Votre combat est aussi le nôtre [1]." » Trois ans plus tôt, la presse allemande était loin de dénoncer la constitution d'un corps français baptisé la légion Charlemagne et destiné à aller combattre sur le front russe.

De Gaulle légitime la réconciliation

En ces années d'après-guerre, l'abîme entre les deux pays et entre les deux sociétés était béant. Non seulement

---

1. *Ibid.*, p. 261.

les Allemands étaient encore intoxiqués par le nazisme, mais ils préféraient accrocher les wagons de leur destin à la puissante locomotive américaine plutôt qu'à celle d'une France essoufflée, sortant de la guerre presque aussi affaiblie qu'eux, matériellement et spirituellement. Et si les Français étaient aussi arrogants dans l'Allemagne occupée, c'était pour cacher une triple honte : la honte de « l'étrange défaite » de 1940, la honte de la collaboration avec le régime nazi, et la honte de la participation à la Shoah. La germanophobie a survécu longtemps après la Seconde Guerre mondiale à cause, pour une part au moins, de ce que l'historien Henry Rousso appelle le « syndrome de Vichy » : les Français ne pardonnaient pas aux Allemands leurs propres fautes, pas plus qu'ils ne se les pardonnaient à eux-mêmes. Contrairement à la guerre de 1870 où les armées de la Défense nationale avaient sauvé l'honneur du pays, l'année 1940 avait été celle de la débâcle morale, et les Français avaient perdu leur fierté. La tache était si profondément incrustée que le « coup » de Robert Schuman ne pouvait suffire à l'effacer. La IVe République était un régime trop faible pour permettre au pays de surmonter ce complexe national. Il fallait au moins l'homme qui, depuis le 18 juin 1940, avait consacré tous ses efforts à rendre aux Français leur estime de soi, fût-ce au prix de mythes qui étaient de véritables mensonges d'État : le mythe des Français rassemblés autour de la Résistance, de Paris libéré par ses propres forces, de la France, puissance mondiale victorieuse. Roosevelt n'accusait-il pas de Gaulle de folie des grandeurs lorsqu'il l'entendait soutenir de telles affirmations ? Il avait tort : ces déclarations étaient raisonnées, parfaitement calculées.

Elles relevaient d'une thérapeutique collective appliquée à un peuple menacé de perdre cette estime de soi sans laquelle un pays est prêt à toutes les démissions.

Parce qu'il incarnait cette résurrection, le général de Gaulle, après son retour aux affaires en 1958, apporta à la politique de réconciliation franco-allemande amorcée par Robert Schuman une dimension essentielle : la légitimation nationale. Grâce à son autorité, la France pouvait de nouveau jouer à égalité, voire prétendre à une certaine supériorité par rapport à l'Allemagne, alors que, sous la IVe République, même le francophile Adenauer profitait de la faiblesse du régime pour imposer de mauvaises habitudes aux deux pays. La France de la IVe République était entravée par ses guerres coloniales, paralysée par une instabilité gouvernementale chronique, des finances publiques déficitaires et une monnaie malade : par contraste, le « miracle allemand » semblait d'autant plus attrayant et spectaculaire. En revanche, dès l'annonce du retour du Général, les Allemands furent inquiets ou, pour certains, affectaient de l'être. La virulence des attaques d'une grande partie de la presse allemande en mai-juin 1958 trahissait une forte appréhension : et si de Gaulle donnait naissance à un « miracle français » ? Oubliant qu'ils avaient avancé la même critique au lendemain de la guerre et que la démission spontanée du Général en 1946 l'avait balayée, les journaux allemands agitaient le spectre d'une dictature française. Même le chancelier Adenauer s'interrogeait, mais pour des raisons précises : comme lui, le général de Gaulle avait pour principe la primauté de la politique étrangère (*Primat der Außenpolitik*). À la tête de l'Allemagne de l'Ouest depuis 1949, il était le mieux placé pour savoir qu'aucun des trois buts de guerre que de Gaulle avait fixés à la France en 1945 n'avait été atteint : la RFA était un État fédéral solide, alors que de Gaulle rêvait d'une vague confédération d'États et de liens particuliers avec la France pour les États de Rhénanie ; la Ruhr n'était pas séparée de l'Allemagne, même si Schuman avait obtenu un contrôle supranational sur le charbon et l'acier ; enfin, la Sarre, que la France souhaitait annexer économiquement et politiquement, était retournée dans le giron de l'Allemagne en 1957 en vertu d'un article de la Constitution conçu à dessein – l'article 23, qui servirait plus tard à intégrer les *Länder* de l'Allemagne de l'Est.

Le bilan de la politique allemande du général de Gaulle au lendemain de la guerre était donc faible, mais la question se posait : quelle politique allemande le président de la Ve République allait-il mener ? Serait-elle européenne, ou la France allait-elle se replier sur elle-même ? Paris proposerait-il la coopération avec l'Allemagne, ou au contraire la compétition ? La France prendrait-elle acte du redressement allemand ou se draperait-elle dans sa dignité de puissance victorieuse conservant des droits sur « l'Allemagne dans son ensemble » et sur Berlin ?

De Gaulle ne tarda pas à lever au moins partiellement le voile. Arrivé au pouvoir le 1er juin 1958, deux mois et demi plus tard, le 14 septembre, alors qu'il était encore président du Conseil de la IVe République, il invita le chancelier allemand dans sa propriété privée *La Boisserie* à Colombey-les-Deux-Églises. L'honneur fait au chancelier était un signe : de Gaulle avait toujours préservé l'intimité de sa demeure familiale. Adenauer rentra à Bonn rassuré. Du moins en partie. Certes, le communiqué publié en fin de rencontre était positif : « Nous croyons que ce doit être fini à jamais de l'hostilité d'autrefois […]. Nous avons la conviction qu'une coopération étroite entre la République fédérale d'Allemagne et la République française est le fondement de toute œuvre constructive en Europe. » Mais il n'avait pas échappé à Adenauer que la conception gaulliste de la coopération avec l'Allemagne n'était plus celle de la IVe République. Celle-ci privilégiait l'intermédiation d'institutions supranationales qui permettait à l'Allemagne de retrouver un peu de la souveraineté qu'elle avait perdue avec la capitulation du Reich en 1945. Le traité de la CECA, l'entrée dans l'Union de l'Europe occidentale et dans l'OTAN : depuis la création de la RFA, Adenauer avait adopté un jeu aussi subtil que payant, qui consistait à renoncer à des parcelles de souveraineté afin de mieux récupérer celle-ci un jour. Or, le mécanisme jouait à l'envers pour la France qui, à chaque fois, abandonnait un peu de la souveraineté totale – quoique parfois théorique – qu'elle avait recouvrée en étant dans le camp des vainqueurs en 1945. Cette perte de souveraineté liée aux instances supranationales était intolérable aux yeux du Général. Celui-ci privilégiait les rapports entre États et entendait établir une entente directe entre la France et l'Allemagne. En quittant *La Boisserie*, Adenauer était néanmoins soulagé : la coopération avec la France se poursuivrait. Mais il avait dû donner son accord à la démarche interétatique qui conduirait en trois étapes à la naissance du fameux couple franco-allemand.

L'éphémère « empereur d'Europe »

Le premier voyage officiel d'Adenauer en France eut lieu du 2 au 8 juillet 1962. De Gaulle, qui aimait les symboles, avait ménagé deux rendez-vous historiques. Les deux hommes d'État passèrent d'abord en revue un corps de troupes franco-allemand au camp de Mourmelon en Champagne, puis assistèrent à une grand-messe dans la cathédrale de Reims, un monument chargé d'histoire puisque c'est là qu'étaient sacrés les rois de France et que la cathédrale avait été sauvagement bombardée par les armées du Kaiser en 1914. L'image des deux dirigeants debout, face au chœur, scella la réconciliation des deux peuples devant Dieu et devant l'Histoire. Konrad Adenauer écouta religieusement un *Te Deum* franco-allemand, comme si la République fédérale tournait publiquement le dos au *Sonderweg*, le « chemin particulier » d'une Allemagne raciste et nationaliste qui s'était affirmée en niant l'héritage gallo-romain.

Deux mois plus tard, en septembre, de Gaulle effectua une tournée triomphale en Allemagne, réunissant les plus grandes foules que l'on avait vues depuis Hitler. Ici, il salua « le grand peuple allemand » dans sa langue, là, il félicita les jeunes « d'être des Allemands enfants d'un grand peuple ». Il rappela même aux élèves officiers, très surpris, les traditions militaires des deux pays en citant, toujours en allemand, deux vers de l'écrivain Carl Zuckmayer, l'auteur du scénario de *L'Ange bleu* : « Si hier c'était notre devoir d'être ennemis, / Aujourd'hui c'est notre devoir de devenir frères. » De Gaulle parachevait ainsi la réconciliation en l'inscrivant dans la longue histoire des deux peuples, bien au-delà de la capitulation humiliante de 1945. Les Allemands avaient enfin l'impression d'être pleinement reconnus et ne cachaient pas leur joie. Sous le titre éloquent « De Gaulle et le passé surmonté », le *Stuttgarter Zeitung* applaudissait cette légitimité retrouvée : « Jusqu'à présent on a voulu nous pardonner ou oublier ce qui a été. Mais personne ne nous avait rendu notre histoire comme l'a fait de Gaulle. Personne ne nous avait donné une image de notre histoire comme l'a fait de Gaulle. Personne ne nous avait donné une image de notre histoire dans laquelle même les heures les plus sombres de notre passé trouvent encore une place, un sens, une signification […]. Pour les Allemands, les mots du Général ont été une psychothérapie nationale [1]. » Même le *Spiegel* de Hambourg, traditionnellement hostile à la France depuis que les autorités françaises d'occupation avaient demandé la disparition du journal aux Anglais, était séduit : « De Gaulle est venu en Allemagne comme président des Français. Il repart en empereur d'Europe. »

Il fallait à présent sceller cette réconciliation. La France aspirait à sa résurrection à travers une Europe puissante dont elle assurerait le leadership. L'Allemagne voulait être un partenaire exemplaire des grandes démocraties occidentales, dont sa voisine, la République française. Le chancelier allemand proposa que la déclaration commune devienne un traité en bonne et due forme, ratifié par le Parlement de chaque pays. Sinon, l'accord ne disparaîtrait-il pas avec lui ? Adenauer se méfiait de ses compatriotes, conscient que leurs préventions à l'égard de la France n'avaient pas

---

1. *Stuttgarter Zeitung*, 8 septembre 1962.

disparu et que, s'ils avaient à choisir entre les Français et les Anglo-Saxons, les seconds l'emporteraient. Le 22 janvier 1963, le traité fut signé à l'Élysée par Adenauer et le général de Gaulle qui, à la surprise générale, se leva et embrassa le chancelier. Suivirent des rencontres régulières entre les chefs d'État et de gouvernement, des consultations des ministres des Affaires étrangères et des autorités responsables dans les domaines de la défense, de l'éducation et de la jeunesse, et la création dans chaque pays d'une commission interministérielle destinée à coordonner ces actions : jamais deux États n'avaient établi une coopération volontaire aussi étroite.

Talleyrand, cynique et madré, affirmait que les traités les meilleurs étaient ceux qui cachaient le plus d'arrière-pensées. À cet aulne-là, celui de l'Élysée était un chef-d'œuvre, surtout vu du côté de la France, puisque le général de Gaulle n'entendait absolument pas coopérer avec l'Allemagne sur un pied d'égalité. Il l'avoua un jour avec une pointe de germanophobie : « L'Europe est un attelage. L'Allemagne est son cheval et la France est son cocher. » Au fond, le général nourrissait un vieux rêve : effacer l'humiliation de la défaite de Waterloo, non pas par la guerre, mais par une Europe fondée sur le couple franco-allemand, où la supériorité politique française contrebalancerait la puissance économique allemande.

Appartenant au camp des vainqueurs de la Seconde Guerre mondiale, puissance occupante ayant toujours des droits à Berlin, membre permanent du Conseil de sécurité de l'ONU, leader de la Communauté française regroupant les anciennes colonies d'Afrique, bientôt puissance nucléaire, la France disposait dans le jeu de la politique internationale de cartes que n'avait pas l'Allemagne divisée, n'ayant toujours pas signé de traité de paix et culpabilisée par les crimes nazis. Dans cette perspective, la politique allemande de De Gaulle était un outil permettant à la France d'obtenir, grâce au poids économique de l'Allemagne, le surplus de pouvoir nécessaire pour un dialogue plus équilibré avec les grandes puissances.

« *Les Germains bombaient le torse* »

L'euphorie franco-allemande fut de courte durée. Le général de Gaulle n'eut de cesse de briser les illusions des uns et des autres. Le 14 janvier, huit jours avant la signature officielle du traité et faisant fi de la sensibilité allemande, il avait fermé la porte du Marché commun à la Grande-Bretagne au cours d'une conférence de presse tonitruante. À Bonn, les opposants au traité dénonçaient une volonté française d'hégémonie sur l'Europe. Une véritable bronca s'éleva contre le traité, bronca relayée par Londres et Washington et même en France par les partisans d'une intégration européenne selon une logique fédérale, tel Jean Monnet.

Cette rébellion fut si efficace que quatre mois suffirent pour faire oublier aux Allemands leur enthousiasme gaullien et réduire considérablement la portée du traité de l'Élysée. Les effets de foule sont fragiles. Si les ouvriers, les élèves officiers et les étudiants venus écouter le Général avaient été séduits, les milieux dirigeants politiques et économiques demeuraient circonspects. C'est d'ailleurs contre cette circonspection qu'Adenauer avait lancé l'idée d'un traité. Celui-ci à peine signé, mais pas encore ratifié, les critiques allemandes fusèrent sur le non français à l'entrée de la Grande-Bretagne dans le Marché commun. Personne ne voulait ouvertement apparaître comme antifrançais, mais personne n'était dupe : le cœur du problème était le couple de Gaulle-Adenauer, l'alternative entre une Europe continentale sous domination politique française et une Europe atlantique sous prépondérance américaine. La classe dirigeante de l'Allemagne fédérale n'eut aucune hésitation. Comme le déclara un député chrétien-démocrate qui se disait pourtant francophile : « De Gaulle nous met devant un choix impossible : il nous ordonne de choisir entre Paris et Washington. C'est comme si l'on demandait à quelqu'un de choisir entre son père et sa mère. Évidemment, nous ne pouvons nous passer ni de l'un ni de l'autre [1]. » Un autre député, moins policé et sournoisement francophobe, commentait : « Nous avons en Allemagne le talent tout particulier de nous allier avec les plus faibles. Lors de la Première Guerre mondiale, nous étions très liés avec les Autrichiens et, lors de la Seconde, avec les Italiens. Nous devons éviter à tout prix de nous retrouver seuls avec la France [2]. » De Gaulle, « empereur d'Europe » hier, était désormais traité par les journaux allemands de vieillard, à l'égal d'Adenauer qu'ils ne qualifiaient plus que comme *der Alte 87* (« le vieux de 87 ans »).

L'opposition au traité ne tarda pas à se traduire en termes politiques. Le 16 mai 1963, le Parlement alle-

---

1. *L'Express*, 24 janvier 1963.
2. *Ibid.*

mand entérina le traité à une très large majorité, mais il avait ajouté, de façon unilatérale, un préambule qui le vidait en grande partie de son contenu. Ce texte était une authentique profession de foi atlantiste et pro-anglaise. Il rappelait « les grandes tâches qui incombaient à la politique allemande », dont « une coopération particulièrement étroite entre l'Europe et les États-Unis » et « l'unification de l'Europe en suivant la voie amorcée par la création des Communautés européennes et en incluant l'Angleterre ». Pour Adenauer, c'était un désaveu cinglant. C'est donc un geste hautement symbolique de rapprochement entre la France et l'Allemagne qui fut à l'origine de la gifle subie par Adenauer.

À Paris, de Gaulle était mortifié. Le charme était rompu. Cinq mois plus tard, lors d'une garden-party à l'Élysée, il lâcha une remarque nostalgique aux accents ronsardiens : « Les traités, c'est comme les jeunes filles et les roses, ils ne durent que l'espace d'un matin. » Peu après, à Bonn, le chancelier lui retourna la métaphore : « Les jeunes filles peut-être... Mais voyez-vous, les roses, je m'y connais. Plus les plantes ont des épines, plus elles sont résistantes. » Quelques mois après, Adenauer prenait sa retraite, poussé, entre autres, par les députés opposés à sa politique francophile. « Nous sommes contre l'Europe des grands-pères », avait avoué à *L'Express* un jeune député[1]. Des hommes n'ayant pas participé à la guerre commençaient à arriver aux affaires, les mentalités changeaient et la culpabilité s'atténuait.

Dès lors, les milieux dirigeants allemands n'eurent de cesse de déstabiliser de Gaulle et son régime en

---

1. *Ibid.*

utilisant la force de frappe de la nouvelle Allemagne : le Deutschmark, que les Allemands appelaient affectueusement « le caporal Müller ». Jusqu'en automne 1968 où, pour la première fois depuis la guerre, les deux pays croisèrent le fer au sujet d'une question monétaire [1]. Le franc avait été déstabilisé par les effets inflationnistes des événements de Mai 68 et les fuites de capitaux engendrés par la peur de voir une révolte étudiante se transformer en révolution. Une révision concertée des parités des monnaies européennes s'imposait. Des contacts secrets furent établis. La Bundesbank donna son accord à la Banque de France pour l'opération et, du 20 au 22 novembre, les ministres des finances des Six se réunirent à Bonn pour mettre au point la nouvelle parité. Or le sommet tourna au traquenard : les Allemands refusaient catégoriquement toute réévaluation de leur monnaie et exigeaient une dévaluation du franc. Le ministre des Finances, Karl Schiller, ancien professeur nazi devenu social-démocrate, fit la leçon à la France qui sembla céder sous la pression. Le samedi 23 novembre, les médias annoncèrent le taux de dévaluation du franc. La presse allemande cria victoire.

Trop fort ? Le télégramme envoyé à Paris par l'ambassadeur de France à Bonn, François Seydoux, soulignant le triomphe allemand et l'humiliation française, créa un choc à l'Élysée : de Gaulle décida de ne pas dévaluer (Pompidou le fera un an plus tard). Mais le mal était fait. Le rêve d'une Europe dirigée depuis Paris s'était évanoui. La conclusion de l'ambas-

---

1. Voir Georges Valance, *L'Histoire du franc*, Paris, Flammarion, 1996, p. 335.

sadeur François Seydoux avait un ton amer : « Les Germains bombaient le torse ; ils se libéraient de l'amertume accumulée pendant des années. On nous traita sans miséricorde. La République fédérale se substituait à la France et s'emparait en Europe occidentale de la direction [1]. » « Les Germains bombaient le torse » : les stéréotypes revenaient au galop, même sous la plume d'un ambassadeur aussi raffiné que François Seydoux.

Ils devaient revenir également durant les événements de Mai 68 sous la plume du secrétaire général du Parti communiste, Georges Marchais. Débordé par ce mouvement d'une jeunesse qu'il ne comprenait pas, le secrétaire du Parti avait recours à l'un des vieux trucs de la propagande stalinienne, la germanophobie. Le 3 mai, il dénonça dans *L'Humanité* « ces groupuscules dirigés par l'anarchiste allemand Cohn-Bendit [2] ». Il n'avait pas osé parler de « juif allemand », mais les jeunes contestataires avaient deviné le sous-entendu. D'autant que la veille, le journal d'extrême droite *Minute* avait montré la voie en écrivant : « Ce Cohn-Bendit, parce qu'il est juif et allemand, se prend pour un nouveau Karl Marx [3]. » Les murs de Paris s'étaient aussitôt couverts d'affiches fabriquées à l'École des beaux-arts proclamant : « Nous sommes tous des juifs allemands » ! Et Daniel Cohn-Bendit railla Georges Marchais pour avoir voulu « faire jouer la phobie antiboche ».

---

1. François Seydoux, *Dans l'intimité franco-allemande*, Paris, Albatros, 1977, p. 130.
2. *L'Humanité*, 3 mai 1968.
3. *Minute*, 2 mai 1968.

Chapitre 8

LE PRIX DE LA RÉUNIFICATION

Mercredi 6 décembre 1989, Kiev. Gorbatchev accueille François Mitterrand pour une demi-journée de conversations politiques. Pourquoi dans la capitale de l'Ukraine ? Le président français, féru d'histoire, le souhaitait en souvenir d'Anne de Kiev, fille du grand-duc de Russie, qu'Henri Ier, l'un des premiers rois capétiens, était allé chercher comme épouse au XIe siècle. La coïncidence n'était pas fortuite : il s'agissait de la première alliance franco-russe conclue au-delà du puissant Saint Empire germanique. Le voyage du 6 décembre 1989 constituait également une opération antigermanique, plus proche de l'esprit de la « politique du casse-noisette », la politique d'encerclement de l'Allemagne chère à Delcassé, que de celui du traité de l'Élysée. Le chef de l'État français était venu chercher à Kiev non pas une épouse, mais l'aide de la Russie pour modérer les ardeurs réunificatrices du chancelier allemand et lui rappeler que les quatre puissances victorieuses de 1945 avaient toujours leur mot à dire sur le destin de « l'Allemagne dans son ensemble », comme le précisait l'accord de Potsdam conclu en 1945 par les Alliés.

La hâte manifestée par Kohl commençait en effet à inquiéter. Les anciens Alliés se demandaient si les Allemands n'allaient pas bouleverser la carte de l'Europe et clore le long épisode de la Seconde Guerre mondiale à leur guise, entre eux. Une sorte d'Anschluss, pacifique certes, mais Anschluss tout de même. Le mur était tombé le 9 novembre et, le 29, moins de trois semaines après, le chancelier avait publié un plan en dix points sur les conditions et les étapes de la « réalisation progressive de l'unité allemande ». C'était un pavé dans la mare internationale et un signal pour tous les Allemands. « Réunification, le départ est donné », titra le lendemain le grand quotidien populaire *Bild-Zeitung*, qui vendit ce jour-là bien plus que son score habituel de quatre millions et demi d'exemplaires.

La France avait beaucoup à perdre à voir ressurgir à sa frontière une Allemagne réunifiée et libérée des contraintes et des limitations de souveraineté nées de la défaite nazie. L'enthousiasme de François Mitterrand à la chute du mur fut d'ailleurs très modéré. Il suffit d'observer à la télévision la mine grave, triste, avec laquelle le président français dit son « bonheur » le soir de l'ouverture du mur pour comprendre que sa joie n'était pas sans arrière-pensée... Très vite, il chercha des « alliés », non pas pour empêcher une réunification qu'il savait à terme inéluctable, mais au moins pour la retarder et influer sur ses modalités. Les Russes, espérait-il, devaient comprendre ce langage, à qui de Gaulle avait dit vingt ans plus tôt : « Qu'à Moscou comme à Paris on n'oublie jamais les leçons de l'histoire et de la géographie et que l'on sache entre Français et Russes s'entraider. La paix de l'Europe est à ce prix [1]. »

Tel était le sens du voyage de Kiev : mettre en œuvre cette entraide pour calmer les ardeurs allemandes. Nous le verrons plus loin, le bilan de cette démarche sera doublement décevant : non seulement Gorbatchev ne s'associera pas à la France pour faire pression sur l'Allemagne, mais il semble avoir tenté d'instrumentaliser les inquiétudes françaises pour négocier directement avec Kohl ensuite. La France fut plus ou moins victime d'un jeu de dupes. En tout cas, jamais depuis la réconciliation entre la France et l'Allemagne un président français n'avait tenté de jouer aussi nettement et aussi publiquement Moscou contre Bonn. Des accrocs à l'amitié franco-allemande avaient déjà eu lieu depuis la Seconde Guerre, mais jamais ils n'avaient atteint l'ampleur de ceux que provoqua le choc de la réunification.

Pompidou « sur la guette »

De graves tensions avaient en effet eu cours entre la France de Georges Pompidou et la République fédérale de Willy Brandt. Les deux présidents formaient un « couple » – pour utiliser le cliché qui se répandra à l'époque de Valéry Giscard d'Estaing et de Helmut Schmidt – qui ne s'entendait pas. Et comme les couples qui ne s'entendent pas, ils n'avaient rien à se dire. À tel point qu'un des interprètes officiels s'était

1. Michel Debré, *Mémoires*, Paris, Albin Michel, 1993, t. 4, p. 260.

plaint un jour de n'avoir jamais eu à traduire tant de silences entre ces deux hommes. Michel Jobert, ministre des Affaires étrangères de Pompidou, confirmait cette inimitié : « Pompidou s'irritait des éloges de la presse pour la politique de Brandt. Un soir, à la suite d'un article particulièrement louangeur, il nous dit : "Brandt devrait faire attention. Il ne faudrait pas gratter beaucoup les Français pour qu'ils soient à nouveau sur la guette vis-à-vis de l'Allemagne." »

Pompidou était déjà sur la guette. Il s'inquiétait particulièrement de la politique de Willy Brandt à l'Est, l'*Ostpolitik*, et de ses conséquences pour l'avenir. En signant des traités avec l'URSS et plusieurs démocraties populaires, dont la RDA, Brandt semblait s'accorder parfaitement avec la politique de détente amorcée entre les États-Unis et l'URSS, tandis que l'établissement de relations diplomatiques entre la RFA et la RDA allait dans le sens du maintien du statu quo européen. Du moins à court terme. Car à long terme, l'objectif ultime de la politique allemande restait la réunification. Willy Brandt ne comptait plus, pour y parvenir, sur le rapport de force et les pressions de l'Occident, mais sur un processus de mise en confiance et de rapprochement progressif des deux États jusqu'au moment où la réunification serait une évidence. Ce que le chancelier appelait le « changement par le rapprochement ». Ce processus inquiétait précisément Pompidou : il redoutait qu'il ne conduise à une collusion de plus en plus profonde entre l'URSS et l'Allemagne et à l'établissement en Europe d'un nouveau système de sécurité. « Ce système, expliquait le spécialiste des relations internationales Georges-Henri Soutou, reposerait sur la dissolution des pactes militaires existants [le Pacte atlantique et le pacte de Varsovie] et sur un accord de sécurité européenne, en fait sur un accord germano-soviétique, le rôle des États-Unis se limitant dans la plupart des cas à une simple garantie extérieure au système[1]. » Lorsque les dirigeants allemands commencèrent à faire allusion à ces perspectives, Paris s'alarma. D'autant que l'architecte de ces nouveaux montages était l'ami de Brandt, le social-démocrate Egon Bahr, connu pour avoir dénoncé l'inégalité que la force de frappe installait entre la France et l'Allemagne : « La France dispose d'armes nucléaires. Nous pas. C'est la France qui décide de mettre son existence en jeu si elle décide d'employer ces armes, nous pas [...]. Le mouvement pacifiste est une sorte de rébellion contre les armes nucléaires[2]. » S'il y une chose que l'on ne pouvait pas reprocher à Bahr, c'était de ne pas être fidèle à ses idées : en 1990, il fut l'un des très rares hommes politiques allemands d'importance à demander que l'Allemagne réunifiée sorte de l'OTAN et soit débarrassée de toute arme nucléaire. Voilà qui, *a posteriori*, donnait raison à Pompidou devinant une tentation neutraliste dans la politique de Brandt.

L'Auvergnat ne manquait pas d'intuition. Dès 1990, lors d'un déjeuner à l'Élysée avec plusieurs patrons de rédactions, il imaginait une réunification relativement prochaine et en tirait une leçon pour la France : « Nous

---

1. Georges-Henri Soutou, *L'Alliance incertaine, les rapports politico-stratégiques franco-allemands, 1954-1996*, Paris, Fayard, 1996, p. 315.

2. Egon Bahr, « Lettre ouverte : n'ayez pas peur, mes chers amis français », *Vorwärts* (hebdomadaire du SPD), 11 novembre 1981.

serons bien contents d'avoir notre bombinette lorsqu'il s'agira de renégocier un système de défense européenne après que l'Allemagne se sera réunifiée plus tôt qu'on ne le croit [1]. »

En tout cas, si Pompidou joua la carte anglaise et ouvrit le Marché commun à la Grande-Bretagne, ce n'était pas pour plaire aux Allemands atlantistes qui avaient fait voter le fameux préambule au traité de l'Élysée. Au contraire, c'était pour sortir la France du face-à-face avec l'Allemagne et contrebalancer une puissance allemande qui s'affirmait de plus en plus nettement. Pompidou cachait si peu sa crainte de l'Allemagne qu'il confia à la rédaction en chef du *Monde*, lors d'un déjeuner au journal, que pour équilibrer l'Allemagne « il n'y avait pas d'autre moyen que de s'appuyer à la fois sur les États-Unis, l'URSS et la Grande-Bretagne, tout en gardant bien entendu les meilleures relations avec Bonn ». Et d'ajouter : « Vous comprendrez que je ne puis le dire publiquement [2]. » Dans les faits, la suspicion allemande de Georges Pompidou n'avait guère d'occasion de s'exprimer publiquement. L'*Ostpolitik* ne présentait de risques qu'à terme et il était difficile à Pompidou d'avouer qu'il supportait mal de voir Bonn négocier directement avec Moscou, sans consulter les Alliés. Les Français avaient le sentiment que de Gaulle, avec son ouverture à l'Est, avait servi d'intermédiaire sans que la France en ait tiré de réel avantage : dès qu'ils voulaient négocier, les Russes s'adressaient à ceux à qui ils avaient quelque chose à offrir et à demander,

---

1. *Le Point*, 12 février 1990.
2. André Fontaine, *Histoire de la détente, 1962-1981 : un seul lit pour deux rêves* [1981], Paris, Le Seuil, 1983, p. 159.

les Allemands. Cette déception rendait les Français très susceptibles.

Ernst Weisenfeld, alors correspondant de presse à Paris, fut témoin d'une scène significative à cet égard [1]. C'était le 16 septembre 1971. Le Conseil des ministres s'achevait lorsque arriva une dépêche d'agence : le chancelier Willy Brandt, accompagné d'Egon Bahr, conférait avec Leonid Brejnev dans sa résidence d'été, près de Yalta, en Crimée. Ni la présidence française ni le Quai d'Orsay n'avaient été informés. Le traité de l'Élysée était bafoué. L'ombre de Rapallo planait au-dessus de la tête des ministres. Avant de clore la séance, le président français posa une question révélatrice de sa colère : « Parmi les membres du gouvernement allemand, combien peuvent être considérés comme absolument fidèles à l'orientation occidentale de l'Allemagne ? » Les ministres n'en trouvèrent qu'un petit nombre... Pompidou en était plus que jamais convaincu : l'*Ostpolitik* était un détour historique, une ruse pour réduire la division de l'Allemagne en commençant par l'assumer.

Le président français, dont l'esprit était profondément conservateur, ne croyait pas les bonnes âmes assurant que l'Allemagne avait profondément changé. Il était convaincu d'avoir face à lui l'Allemagne éternelle, retrouvant pas à pas toute sa force et prête à redevenir la première puissance européenne, réunifiée ou non. Son devoir de chef de l'État français était dès lors de poursuivre la politique allemande menée par la France depuis la guerre, laquelle consistait à arrimer l'Allemagne à l'Europe de l'Ouest.

---

1. Ernst Weisenfeld, *Quelle Allemagne pour la France ?*, *op. cit.*, p. 126.

La force de l'Allemagne ou, plus précisément, ce qui faisait de cette force une menace, était en fait la faiblesse de la France. C'est cette faiblesse qui déséquilibrait l'Europe, autant que la puissance allemande. Le meilleur remède contre le risque de voir l'Allemagne faire cavalier seul – risque dont Pompidou était persuadé – était donc de rivaliser avec elle sur son terrain de prédilection : l'économie et l'industrie. D'essayer de combler le gouffre croissant entre les deux pays en développant une politique industrielle volontariste. C'est en pensant notamment à l'Allemagne que Pompidou lança de grands projets, tels l'Airbus ou le moteur franco-américain CFM 56 qui continue à équiper des millions d'avions du monde entier, et qu'il favorisa des fusions donnant naissance, en France, à des groupes capables de tenir tête aux *Konzerns* allemands : Saint-Gobain-Pont-à-Mousson, Pechiney-Ugine-Kuhlmann, Thomson, CGE (Compagnie générale d'électricité), Rhône-Poulenc, Creusot-Loire...

Rattraper l'Allemagne fut l'objectif proclamé des présidents français de Pompidou à Chirac en passant par Giscard et Mitterrand, jusqu'à ce que l'écart devienne tel que l'on abandonna le mot d'ordre mobilisateur de rattrapage pour adopter celui de décrochage, fruit d'un constat désabusé. Valéry Giscard d'Estaing, nous le savons[1], a tissé, avec le chancelier social-démocrate Helmut Schmidt, des liens d'amitié inédits entre des hommes d'État de nos deux pays. Même si cette intimité, qui permit de consolider la construction européenne, politique et monétaire, ne les poussa pas à

---

1. Voir Georges Valance, *VGE, une vie*, Paris, Flammarion, 2011.

négliger les intérêts spécifiques de leurs États et ne supprima pas toute volonté de compétition. « Avec Giscard, pour faire passer une proposition, l'essentiel est de laisser croire que l'idée vient de lui », dira un jour en substance l'Allemand, condescendant. Quant au chef d'État français, il insistait volontiers sur la vocation de la France à assumer la direction de l'Europe, comme dans ce discours tenu en Alsace lors de la campagne des élections européennes de 1979 : « C'est l'intérêt de la France de conduire l'organisation de l'Europe. Quand on est à la tête, on conduit, quand on est à la traîne, on subit. »

Les deux hommes n'avaient pas oublié les leçons de l'Histoire, quitte à se les rappeler l'un à l'autre. Quand il évoquait les troupes françaises établies en Allemagne, Schmidt ne disait pas à son ami Giscard : « Vous aviez gagné la guerre » mais : « Vous étiez du côté des vainqueurs de la guerre [1]. » La nuance n'est pas anodine. Pas plus que celle que mit en avant le président français lorsque, se rendant à Berlin-Ouest le 29 octobre 1979, il choisit un aller-retour direct, sans s'arrêter à Bonn ou dans une autre ville allemande, comme le souhaitait le chancelier. Giscard d'Estaing entendait rappeler que les droits de la France sur Berlin découlaient de son statut de vainqueur de 1945 et ne devaient rien à la RFA.

Le choc de la réunification

Outre l'histoire intrinsèque des rapports franco-allemands, certains événements de l'histoire particulière

---

1. Valéry Giscard d'Estaing, *Le Pouvoir et la Vie*, Paris, Compagnie 12, 1988, t. 1, p. 124.

de chaque pays ont provoqué des conflits d'intérêt considérables et entraîné la résurgence de sentiments germanophobes – ou gallophobes. Le plus important – et le plus proche de nous – de ces événements est la réunification de l'Allemagne, qui bouleversa de fond en comble l'équilibre européen issu de la défaite nazie, dont s'accommodaient fort bien les dirigeants français. Même si aucun d'eux n'a jamais eu la franchise de François Mauriac écrivant en 1963 : « Tant qu'il y a eu des Allemagnes, nous nous y sommes promenés ; lorsqu'une Allemagne est née enfin, ce fut pour nous fini de rire. Aujourd'hui qu'il y en a deux, nous pouvons de nouveau dormir, au moins d'un œil. Quand les deux morceaux seront recollés, il faudra redevenir ce lièvre qui dort les yeux ouverts [1]. »

Tous les présidents français, à un moment ou à un autre, ont assuré déplorer la partition de l'Allemagne et souhaiter sa réunification. Certes, mais aucun de leurs discours n'a été passé au détecteur de mensonges. La division de l'Allemagne présentait pour la France deux grands avantages : mécaniquement, elle rééquilibrait le rapport franco-allemand en sa faveur, et la reconnaissance du statut de vainqueur de la France faisait d'elle l'un des quatre grands qui détenaient un droit de regard sur Berlin et l'avenir de « l'Allemagne dans son ensemble ». Les dirigeants français dormaient les yeux fermés, convaincus que les Soviétiques refuseraient un changement de ce statu quo et rassurés par ce qu'ils pensaient être l'évolution des esprits en Allemagne. Une partie de la gauche et les Verts allemands

---

1. François Mauriac, *Nouveau Bloc-notes, 1961-1964*, Paris, Flammarion, 1968, 30 mai 1963, p. 292.

ne proclamaient-ils pas que la division du pays était le prix à payer pour les crimes hitlériens et la garantie de la paix en Europe ? En 1987, Helmut Kohl lui-même reçut le chef de la RDA, Erich Honecker, en visite officielle, avec drapeaux et hymnes nationaux de chacun des deux États.

En France, les spécialistes de l'Allemagne s'en allaient répétant que l'histoire avait appris aux Allemands à ne pas identifier État et nation, contrairement à ce qui s'était passé depuis les Capétiens. L'Empire était une construction multinationale et, jusqu'à Bismarck, l'État ne rassemblait pas que des Allemands. Loin de là. Le 13 septembre 1989, l'ex-ambassadeur de France à Bonn, Jean-Pierre Brunet, interviewé par *Le Quotidien de Paris*, était encore catégorique : « Estimer que l'unification allemande est en marche est une erreur. » Pourtant, les avertissements n'avaient pas manqué du côté allemand. Dès les années 1960, le social-démocrate Egon Bahr déclarait à l'ambassadeur de France : « Prenez garde aux Allemands qui affirment que l'unité allemande est une idée morte. Ceux qui le disent sont stupides ou racontent des mensonges. Ce sont des gens auxquels on ne peut pas faire confiance. » Et, en septembre 1989, quand les manifestations de rue commencèrent en Allemagne de l'Est, l'influent magazine *Der Spiegel* choisit de reprendre dans un éditorial titré *Une lionne nommée Unité* des propos irrédentistes tenus en 1955 au congrès du Parti libéral, alors très à droite : « Un jour, la lionne endormie – l'unité allemande – lèvera la tête et se mettra à rugir. Les petits-bourgeois engourdis d'Allemagne de l'Ouest seront brusquement tirés de leur suffisance rassasiée et les bureaucrates fanatisés par le protocole écarquilleront les yeux [1]. » Ce jour-là arriva. Le jeudi 9 novembre 1989, la lionne se mit à rugir.

Le rugissement de la lionne

Il était exactement 18 h 57 lorsque le porte-parole du Politbüro, Günter Schabowski, au terme de son ennuyeux discours au Centre de presse international de Berlin-Est, chaussa ses lunettes cerclées d'or d'apparatchik, tira un papier de la poche gauche de son veston gris-bleu et lut : « Les voyages privés vers l'étranger peuvent être entrepris sans autorisations particulières, passeports, ni relations de parenté. » Charabia bureaucratique. Il était précisé ensuite qu'un *visum* accordé par la police serait nécessaire pour sortir de la RDA. Si l'on peut dire, le bien était fait. Les Berlinois de l'Est prirent Schabowski au mot et se rassemblèrent massivement près du mur. Voyant que la Volkspolizei ne réagissait pas et que l'Armée rouge restait cantonnée, ils le prirent d'assaut. En quelques heures, plus de cent mille ressortissants est-allemands franchirent le mur, en grimpant par-dessus, ou en empruntant des passages percés dans le béton. L'enthousiasme était général, à Berlin, dans toute l'Allemagne et à l'étranger.

En France, à l'exception de quelques grognements du côté du Parti communiste, la population vibra à l'unisson des autres Européens. « Il faut être heureux. Quand un grand événement arrive et qu'il a été attendu et espéré depuis longtemps, il faut savoir être heureux », déclara le dimanche 12 novembre 1989 sur

---

1. *Der Spiegel*, 18-24 septembre 1989.

RTL Valéry Giscard d'Estaing [1]. Une nation persuadée d'avoir inventé la liberté ne pouvait qu'applaudir à la chute d'un symbole de servitude. Foin des raisonnements géopolitiques et des réflexes germanophobes, les Français partageaient la joie de tous les Allemands. Quel téléspectateur n'eût pas été ému à la vue de ces jeunes Allemands assis sur le mur débouchant des bouteilles de Sekt et brandissant des drapeaux noir-rouge-jaune, dont la faucille et le marteau avaient été découpés en leur milieu ?

En ces jours de novembre, les Français fêtaient la liberté d'un peuple plutôt que la perspective de la réunification d'un État. L'émotion passée, cette perspective fit bientôt naître des inquiétudes reflétées dans les médias et relevées par les études d'opinion. En témoigne un sondage Louis Harris réalisé en février 1990 : certes, la réunification ne faisait pas « peur » à 62 % des personnes interrogées, mais ils étaient 58 % à craindre une « domination économique de l'Europe par l'Allemagne » et 51 % à redouter une « domination politique ». La méfiance était enracinée dans les esprits français. Par ailleurs, les journaux ont presque tous mis en avant un jour ou l'autre la « peur de l'Allemagne », rejoignant ainsi les inquiétudes de François Mitterrand même s'ils étaient en désaccord avec sa politique allemande, qu'ils soient de gauche ou de droite.

Nous l'avons vu au début de ce chapitre, l'enthousiasme de François Mitterrand fut modéré à l'annonce de cet événement historique, qui lui parvint alors qu'il était en déplacement à Copenhague. Le chef de l'État l'emportait chez lui sur le militant socialiste, le

---

1. RTL-Le Monde, 12 novembre 1989.

successeur de Richelieu sur l'héritier de Jaurès. Il savait quels atouts apportait à la France la division de l'Allemagne. Il pouvait donc mesurer les effets négatifs d'une réunification, surtout issue d'un mouvement populaire, fruit de la passion et hors du contrôle des grandes puissances. Quand il apprit que son Premier ministre, Michel Rocard, se félicitait de ce que « le peuple allemand retrouve son histoire et son destin », il explosa de rage face à Jacques Attali : « La paix ! Comment peut-il parler de paix ? Décidément il ne comprendra jamais rien à la politique étrangère ! Jamais Gorbatchev n'acceptera d'aller plus loin. Ou alors il sera remplacé par un dur. Ces gens jouent avec la guerre mondiale sans le voir [1]. » Outre son mépris pour Rocard, la réaction de François Mitterrand révèle son hostilité profonde à la réunification de l'Allemagne : comment approuver un processus qu'il pensait susceptible de conduire à un conflit généralisé ? Qui pouvait assurer que l'URSS, qui entretenait plusieurs centaines de milliers d'hommes en RDA et à qui les accords internationaux donnaient depuis 1945 des droits sur « l'Allemagne dans son ensemble », n'allait pas réagir violemment, comme les Chinois venaient de le faire sur la place Tian'anmen ? Dans cette hypothèse, l'Allemagne de l'Ouest et ses alliés occidentaux pourraient-ils laisser faire sans réagir ?

L'ouverture du mur de Berlin donna lieu à la plus grande crise entre la France et l'Allemagne depuis la guerre. Effacée, l'image des deux hommes d'État amis, François Mitterrand et Helmut Kohl, debout main dans la main devant l'ossuaire de Douaumont.

---

1. Jacques Attali, *Verbatim III* [1995], Paris, Le Livre de Poche, 1996, p. 425.

Oubliée, la séance du Bundestag du 20 janvier 1983 où Mitterrand était venu aider son ami à imposer l'installation sur le sol allemand des euromissiles Pershing-II, lançant une formule qui ferait date : « Je constate que les pacifistes sont à l'Ouest et les euromissiles à l'Est. » Désormais, pendant au moins un an, se retrouveront face à face un chancelier allemand convaincu de pouvoir devenir un Bismarck pacifique et un président français redoutant de marquer l'histoire assorti d'une note en bas de page : « François Mitterrand, président de la République française. C'est pendant son mandat que l'Allemagne retrouva son unité et redevint la première puissance européenne. » Les deux hommes étaient désormais adversaires, même s'ils eurent l'intelligence d'éviter les attaques personnelles et les conflits directs : le duel se livrait par délégation.

L'objectif de François Mitterrand n'était pas d'empêcher coûte que coûte la réunification qu'il savait inévitable, mais de la retarder, ou du moins de peser sur ses modalités dans l'espoir de réduire son impact sur la puissance allemande. C'est dans cet esprit qu'il fit ces deux voyages, à Kiev, puis à Dresde, en Allemagne de l'Est, que le chancelier vit d'un mauvais œil. À Kiev, il alla demander le soutien de l'URSS : sans l'accord de celle-ci, rien ne pouvait vraiment se faire en Allemagne. À Dresde, il souhaitait tester la capacité du régime communiste à se réformer et à résister au rouleau compresseur ouest-allemand. Il connut une double déception.

En Ukraine, le discours de Gorbatchev se résumait à une mise en garde : « Aidez-moi à éviter la réunification allemande, sinon je serai remplacé par un militaire. Si vous ne le faites pas, vous porterez la responsabilité de la guerre [1]. » Dans un salon voisin, le ministre des Affaires étrangères soviétique tenait le même discours à son homologue Roland Dumas, sur un ton encore plus alarmiste. Ce dernier nous a ainsi raconté : « En même temps que Gorbatchev mettait en garde le président, Chevardnadze essayait de m'affoler : Kohl est irresponsable ; il ne sait pas ce qu'il fait. Notre armée, les durs du parti vont réagir. Si Kohl persiste, il va y avoir un coup de chien [2]. » L'inquiétude des Russes déteignit sur le président français qui, selon son ministre des Affaires étrangères, n'excluait pas une réaction militaire soviétique. Roland Dumas ajoutait : « François Mitterrand était convaincu que Gorbatchev ou son successeur allait faire bouger son armée. L'intérêt de la France devait être sauvegardé quelle que soit la situation. Il fallait donc temporiser, ne pas se laisser enfermer dans une situation. » Paris se serait-il désolidarisé de Bonn en cas de crise grave ? À cette question, Roland Dumas s'est contenté de nous répondre par la répétition de ses propos précédents… L'occasion ne s'est heureusement jamais présentée. Il est probable que Gorbatchev cherchait à fragiliser la France pour améliorer sa main dans le grand marchandage à venir avec Kohl.

Le voyage de François Mitterrand en RDA du 20 au 22 décembre 1989 fut encore moins fructueux. Il fut mal perçu par l'opinion allemande qui pouvait comprendre que le chef d'un des quatre grands ren-

---

1. Hubert Védrine, *Les Mondes de François Mitterrand : à l'Élysée, 1981-1995*, Paris, Fayard, 1996, p. 442.
2. Entretien avec l'auteur en 1999.

contre le dirigeant soviétique, mais pourquoi voler au secours d'un pouvoir communiste est-allemand en décomposition ? Les notes prises par un collaborateur du chef du gouvernement est-allemand, Hans Modrow, apportent une réponse convaincante : il ne faut pas, aurait déclaré Mitterrand, « mettre l'Europe en danger et détruire l'équilibre existant [...], l'unité ne doit pas déboucher sur un désordre généralisé [1] ». Le président français cherchait à consolider la position internationale de la RDA afin de lui donner une chance de survivre en tant qu'État – il imaginait un État neutre, à l'image de l'Autriche. C'est ainsi qu'il lança à la fin du mois l'idée d'une « confédération européenne » ouverte aux pays de l'Est, dans laquelle pourrait s'inscrire le rapprochement des deux Allemagnes.

L'histoire fut plus rapide. D'autant que Kohl veillait à en accélérer le cours. Ce dernier avait plus d'une raison de se souvenir du moment où les manifestants d'Allemagne de l'Est avaient modulé leur slogan, passant de « nous sommes le peuple » à « nous sommes un peuple ». Selon une confidence de l'ambassadeur américain à Bonn, Vernon Walters, ce passage à une revendication unitaire était dû à l'action secrète d'émissaires de Kohl qui avaient traversé l'Elbe [2].

Lorsqu'il quitta la RDA le 22 décembre 1989, François Mitterrand n'avait plus guère d'illusions. Le soir même, Kohl et Modrow franchissaient ensemble la porte de Brandebourg dans la liesse populaire. Le chancelier avait proposé à François Mitterrand de se

---

1. Notes publiées par *Le Monde*, 4 mai 1996.
2. Entretien de l'auteur avec le professeur Pierre Hassner, 10 avril 2013.

joindre à eux, mais celui-ci avait refusé. Sa réaction devant ses collaborateurs donne la mesure de sa déception et de son irritation, voire sa colère :

> C'est une affaire entre Allemands. Je n'ai pas à y participer. Kohl ne m'a pas prévenu de son plan en dix points ; il refuse de reconnaître la frontière Oder-Neiße. Et il veut que j'aille légitimer sa mainmise sur la RDA ? C'est trop gros ! Il ne peut pas espérer que je tombe dans ce piège. Et la presse française qui dit que je ne comprends rien [...]. Les journalistes sont toujours prêts à se coucher aux pieds du vainqueur, comme en 1940 [1] !

Helmut Kohl-Adolf Hitler : la comparaison brûlait sur les lèvres du président. Et ce n'était pas la première fois. En novembre, il avait confié à Margaret Thatcher : « Nous n'avons pas les moyens de la force face à l'Allemagne. On se trouve dans la situation des dirigeants de la France et de l'Angleterre avant la guerre qui n'ont réagi devant rien. Il ne faut pas se retrouver dans la situation de Munich [2]. » Le choc de la réunification avait tourné au duel entre un chancelier allemand toujours plus allant et un président français de plus en plus isolé. Les États-Unis voyaient d'un bon œil une Allemagne unie, à la seule condition qu'elle reste dans l'OTAN. En Angleterre, la presse dénonçait la création du Quatrième Reich, et la dame de fer, Margaret Thatcher, multipliait les déclarations germanophobes mais, dans les faits, elle s'était contentée d'écrire à Gorbatchev que la Grande-Bretagne s'opposerait à la réunification si l'URSS montrait la voie. En France,

---

1. Jacques Attali, *Verbatim III, op. cit.*, p. 481.
2. *Ibid.*, p. 466.

convaincu qu'une réunification pure et simple était devenue inéluctable, Mitterrand changea bientôt d'angle d'attaque et se concentra sur deux batailles : la frontière Oder-Neiße avec la Pologne et la monnaie européenne.

La bataille de la frontière

« Cher Helmut, vous parlez comme chancelier de l'Allemagne et moi, comme président de la République française. Mais je vous le répète et je vous le demande : reconnaissez officiellement la frontière Oder-Neiße [1] ? » L'atmosphère était tendue à l'Élysée ce soir du 15 février 1990. Pourtant, la reconnaissance définitive de cette frontière définie par le cours de l'Oder et de son affluent la Neiße semblait aller de soi : les deux Allemagnes en avaient depuis longtemps pris acte, chacune de son côté. Mais depuis la chute du mur, curieusement, Kohl refusait de s'engager clairement au nom d'arguments juridiques qui frôlaient l'argutie : la République fédérale ne pouvait agir au nom des deux Allemagnes, disait-il. Si bien qu'il faudrait attendre que l'Allemagne soit réunifiée avec l'accord des quatre grands pour qu'elle puisse reconnaître définitivement la frontière Oder-Neiße. Cette reconnaissance, toujours selon Kohl, devait passer par un simple accord bilatéral germano-polonais. Les Alliés redoutaient bien sûr qu'une fois réunifiée, la riche Allemagne n'impose une négociation musclée à une Pologne sans le sou. C'est Mitterrand qui mena le combat au nom de la Pologne,

---

1. Entretien de l'auteur avec Hubert Védrine, alors conseiller diplomatique de François Mitterrand.

dont il reçut les dirigeants à l'Élysée. Au grand dam de Kohl qui confia : « J'ai l'impression que la Petite Entente des années 1930 est ressuscitée [1]. » Pourtant, le chancelier finit par céder. Le 21 juin, les parlements de Bonn et de Berlin-Est reconnurent dans les mêmes termes la ligne Oder-Neiße, et Kohl proclama à la tribune : « La frontière existant entre la Pologne et l'Allemagne, dans son parcours actuel, est définitive. » Son principal conseiller, Horst Teltschik, écrivait dans son journal : « Kohl est franchement déçu. Il a pris conscience des limites de l'amitié franco-allemande. »

Qui enchaîne qui ?

Kohl était d'autant plus marri que François Mitterrand l'avait contraint à céder sur un autre sujet : la création de l'union monétaire européenne. Pour rassurer ses partenaires, il répétait à l'envi que la réunification allemande et la construction européenne étaient les deux faces d'une même pièce. Jusqu'au jour où le président français le mit au défi et profita de la situation pour mettre en avant le dossier le plus mûr techniquement, et celui dont la France attendait le plus : l'union monétaire qui devait permettre de compenser l'accroissement de puissance de l'Allemagne dû à la réunification en diluant autant que possible le pouvoir du mark. Sans la détermination de Mitterrand, il est probable qu'il n'y aurait pas eu de traité de Maastricht le 10 décembre 1991, ni d'euro le 1er janvier 1999.

---

1. Horst Teltschik, *329 Tage, Innenansichten der Einigung* [1991], Berlin, Siedler Verlag, 2001.

François Mitterrand a réussi à mettre fin à la dictature du mark et à « enchaîner Gulliver », comme le déplorait *Der Spiegel* dont le directeur, Rudolf Augstein, menait une campagne antifrançaise :

> Il est clair qu'en donnant son accord à l'Union économique et monétaire européenne, l'Allemagne a pour la dernière fois cédé au président français François Mitterrand. C'est déjà suffisamment grave. Car notre problème s'appelle comme autrefois la France [...]. Nous entretenons une relation très chaleureuse avec le peuple français. Ce que nous ne voulons pas, c'est que l'État français continue à se parer de grandeur et de gloire au détriment des autres Européens.

Le ton de l'éditorial était aussi gallophobe dans son esprit qu'inexact sur le fond. La France n'a pas tiré plus d'avantages de l'union monétaire que l'Allemagne. C'est peut-être même l'inverse. Les Français ont lourdement payé pour la réunification à cause du décalage temporel entre cette opération, survenue en 1990, et l'union monétaire, qui ne fut créée qu'en 1999. « Entretemps, explique Guillaume Duval, le Deutschmark a conservé son rôle incontesté de monnaie pivot du système monétaire européen et la Bundesbank a continué de donner seule le *la* en matière de politique monétaire [1]. » Comme le gouvernement allemand avait décidé de financer la reconstruction de l'ex-RDA par l'emprunt plutôt que par l'impôt, la dette allemande flamba et le rythme de l'inflation quadrupla entre 1988 et 1992 : c'était intolérable pour la Bundesbank qui réagit violemment et sans aucune concertation européenne.

---

1. Guillaume Duval, *Made in Germany, le modèle allemand au-delà des mythes*, Paris, Seuil, 2008, p. 133.

Dans la même période, les taux d'intérêt à court terme doublèrent. La Banque de France, soucieuse d'éviter que le franc ne décroche du mark dans cette période de préparation de l'Union monétaire, suivit le mouvement et fit grimper les taux d'intérêt alors même que l'inflation était sous contrôle. Ce qui provoqua une récession en France et dans le reste de l'Europe en 1993. « Voilà justement ce qui fait que votre fille est muette », disait Molière. Voilà ce qui explique comment les Français ont payé pour la réunification allemande. De quoi opposer aux inquiétudes chauvines de Rudolf Augstein la diatribe du ministre anglais de l'Industrie, Nicholas Ridley, le lendemain de la signature des accords de Maastricht : « L'union monétaire est une opération allemande de racket pour mettre la main sur l'Europe. Les Français se comportent comme les caniches des Allemands [1]. »

Les propos étaient évidemment excessifs et ils furent retirés à la demande de Margaret Thatcher. Cependant, il n'est pas certain qu'ils n'auraient pu être tenus ces dernières années par nombre d'Européens face à l'intransigeance d'Angela Merkel et la rigueur de la Banque centrale européenne qui gérait l'euro comme un mark élargi. Du moins jusqu'à l'arrivée de l'Italien Mario Draghi à la tête de la Banque, et jusqu'à ce que la chancelière n'assouplisse son attitude pour éviter un ralentissement économique trop marqué pour préparer les élections du 22 septembre 2013, mais aussi pour calmer la flambée germanophobe qui frappe nombre de pays d'Europe aujourd'hui.

---

1. Cité dans *Libération*, 13 juillet 1990.

L'Allemagne fait de nouveau peur. Et François Mitterrand, qui tentait de canaliser la nouvelle Allemagne, cherchait à répondre à cette crainte d'une hégémonie allemande. Car cette peur a resurgi dès les premiers mois qui ont précédé la naissance de la nouvelle Allemagne, celle qu'on appellera bientôt la « république de Berlin » pour la distinguer de la petite « république de Bonn » et de la déficiente « république de Weimar ». Lorsqu'en février 1990 le communiste Georges Marchais et le gaulliste Michel Debré s'alarmaient du déséquilibre des forces qui s'annonçait, ils n'étaient pas éloignés des sentiments profonds de l'opinion. Georges Marchais déclarait : « Aux plans économique et financier, la Grande Allemagne, c'est la France écrasée[1]. » Tandis que Michel Debré, qui appartenait au camp politique adverse, lançait : « Face à l'émergence d'une nouvelle Allemagne, dont la puissance ne peut être qu'hégémonique, il n'est pas d'autre solution qu'une très forte France[2]. »

Il n'était pas un journal qui ne titrât sur la menace que la réunification faisait courir à la France. « La France sous le poids allemand[3] », affichait *L'Express*. Plus explicite encore, le magazine *Challenges* annonçait : « Il faut avoir peur des Allemands[4]. » Un éditorial du *Monde* alla jusqu'à remuer les cendres du passé en dénonçant la réapparition « sur la scène européenne et internationale d'un caïd allemand qui n'en fait qu'à sa tête[5] ». L'édition était sur la même longueur d'onde

---

1. TF1, 14 février 1990.
2. *Le Figaro*, 19 février 1990.
3. *L'Express*, 16 mars 1995.
4. *Challenges*, octobre 1989.
5. *Le Monde*, 21 décembre 1991.

que la presse. De nombreux ouvrages trahissaient le même esprit : *Du Ier au IVe Reich* de Pierre Béhar annonçait l'apparition d'un nouveau Reich[1] ; *De la prochaine guerre avec l'Allemagne* de Philippe Delmas expliquait que le temps de la paix en Europe était compté si une France affaiblie laissait l'Allemagne « chercher seule son rôle historique[2] » ; *France-Allemagne. Parlons franc* de Jean-Pierre Chevènement montrait que la réunification avait recréé le déséquilibre que la France avait connu avant 1914 en Europe[3]. Enfin, *France-Allemagne, le retour de Bismarck*, de votre serviteur, énonçait cette analyse : « Ce n'est pas faire injure aux Allemands ni sombrer dans un antigermanisme primaire que de les mettre en garde contre les tentations de la domination[4]. »

---

1. Pierre Béhar, *Du Ier au IVe Reich. Permanence d'une nation, renaissances d'un État*, Paris, Desjonquères, 1990.

2. Philippe Delmas, *De la prochaine guerre avec l'Allemagne*, Paris, Odile Jacob, 1999, p. 197.

3. Jean-Pierre Chevènement, *France-Allemagne. Parlons franc*, Paris, Plon, 1994.

4. Georges Valance, *France-Allemagne, le retour de Bismarck*, *op. cit.*, p. 11.

Chapitre 9

DE L'AMITIÉ À LA MÉFIANCE

Quand le nouveau Premier ministre chinois Li Keqiang vient se présenter à l'Union européenne, dans quel pays se rend-il ? En France qui, à l'époque du général de Gaulle, fut le premier pays occidental à braver les foudres de Washington et reconnaître la Chine communiste ? En Grande-Bretagne, partenaire historique de l'Empire du Milieu à qui elle restitua Hong-Kong en 1997 ? Ni l'un ni l'autre. Le Premier ministre chinois se rend, comme le 26 mai 2013, en Allemagne, le pays dont les officiers dirigèrent la répression de la révolte des Boxers en 1900, et à qui Guillaume II avait promis le 28 juillet 1900 que « plus jamais un Chinois n'oserait regarder un Allemand de travers ». La Chine sait invoquer ou oublier l'histoire quand elle en a besoin. Aujourd'hui, vu de Pékin, le cœur de l'Europe est Berlin.

Quand le président américain décide de faire un saut en Europe au lendemain d'une réunion du G8 pour appuyer la négociation sur un accord de libre-échange Europe-États-Unis, où son avion se pose-t-il ? À Bruxelles, où la Commission européenne lance la négociation ? À Paris, d'où viennent les principales pierres d'achoppement,

211

dont la fameuse exception culturelle ? Ni l'un ni l'autre. À Berlin, où le 18 juin 2013, le président Obama s'est offert le luxe de livrer un discours porte de Brandebourg, cinquante ans jour pour jour après la célèbre harangue du président Kennedy, « *Ich bin ein Berliner* ». Harangue qui visait les dirigeants de l'URSS et de la RDA après l'érection du mur de Berlin, mais qui avait également pour but d'effacer le formidable impact du voyage du général de Gaulle en RFA neuf mois plus tôt. Barack Obama, lui, était venu parler d'échanges économiques avec la troisième puissance commerciale mondiale et, comme l'observait Frédéric Lemaître dans *Le Monde* : « Angela Merkel est ravie d'incarner le leader de l'Europe aux côtés du président européen. » Quelle revanche pour une Allemande, de l'Est qui plus est ! Aujourd'hui, vu de Washington, la capitale de l'Europe se nomme Berlin.

Il suffit d'observer la carte des déplacements des grands de ce monde pour savoir quels pays comptent encore. Hélas, l'on note vite que ceux-ci s'arrêtent de moins en moins souvent à Paris.

Le spectre des années noires

Contrairement à la Chine ou à l'Afrique noire par exemple, l'Occident ne prête guère attention aux prédictions des ancêtres. Elle a tendance à les considérer comme des ratiocinations de vieux sages, alors que certaines de leurs prédictions sont fondées sur une longue expérience et une réflexion approfondie sur l'Histoire. Ainsi l'avertissement de Konrad Adenauer à la fin de sa vie : « Dès que Berlin redeviendra capitale, cela réveillera la méfiance de l'étranger. »

De fait, la montée en puissance de la « république de Berlin » s'accompagna d'un courant germanophobe inédit en Europe depuis la guerre, courant provoqué par la crise de l'euro et sa gestion brutale par les Allemands. Ces derniers, persuadés qu'ils sont les élèves modèles de l'Europe, et trompés par les sourires avenants des hôteliers et restaurateurs de l'Europe du Sud, découvrent avec stupéfaction qu'ils demeurent les descendants des nazis aux yeux des autres. Tous ces efforts pour s'intégrer à l'Occident démocratique seraient donc vains ? Le choc est d'autant plus rude que les réactions les plus virulentes émanent de pays qui ont connu des régimes dictatoriaux, l'Espagne, le Portugal et la Grèce.

Même dans les pays qui n'ont pas connu d'invasion allemande, la référence à la dernière guerre est constante. « Angela Merkel, comme Hitler, a déclaré la guerre au reste du continent, cette fois pour s'assurer un espace vital économique [1] », écrit dans *El País* un professeur d'économie de l'université de Séville. À Valence, on brûle de grandes figurines de la chancelière déguisée en Viking, une hache à la main, et à Madrid on l'accueille en septembre 2012 par un « Non à une Europe allemande » ou « Merkel go home ». Même les Portugais, si calmes, ont manifesté par dizaines de milliers lors de la visite à Lisbonne de la chancelière en novembre 2012, s'écriant : « Une Allemagne européenne oui ! » ou encore : « Le Portugal n'est pas le pays de Merkel. »

En Grèce et à Chypre, les réactions germanophobes sont à la mesure des sacrifices qu'imposent à la population

---

1. *Libération*, 25 mars 2013.

les plans d'austérité décidés par l'Europe et le Fonds monétaire international, dont l'Allemagne est rendue seule responsable depuis la fin du couple « Merkozy » qui sauvegardait l'apparence d'une gestion européenne de la crise. La référence au nazisme est constante dans ces manifestations, et elle a atteint son paroxysme lors de la visite d'Angela Merkel à Athènes, le 9 octobre 2012. Drapeaux nazis et allemands étaient mêlés et brûlés ensemble dans les rues ; des affiches montraient Merkel affublée d'un casque à pointe, le visage barré d'une croix gammée ou posant en général nazi, entourée de trois collaborateurs dans le même uniforme ; des slogans fusaient, tel « Non au IVe Reich » ; des jeunes en uniformes SS paradaient le bras tendu dans une jeep... Ce jour-là, les Grecs n'ont pas hésité à exploiter tous les clichés pour humilier la chancelière et rappeler aux Allemands les années les plus sombres de leur histoire. Qui furent aussi les plus dures de l'histoire contemporaine grecque : la répression de la résistance grecque fut particulièrement sanglante pendant la Seconde Guerre mondiale, tandis que la famine provoquée par les troupes d'occupation fit un demi-million de victimes.

« *L'affrontement démocratique* »

La France n'a pas connu une telle vague germanophobe, même s'il lui arrive de céder à la tentation, ainsi lorsque des membres du gouvernement et des responsables du Parti socialiste « déclarent la guerre » à l'Allemagne, comme l'a titré le quotidien *Libération* au mois de mai 2013. Aujourd'hui en France, la germanophobie est plus une affaire d'élites – de gauche – qu'une préoccupation populaire.

Arnaud Montebourg, ministre du Redressement productif, a ouvert le feu à l'automne 2011 en comparant Angela Merkel au « chancelier de fer » : « Bismarck fit le choix politique de réunifier les principautés allemandes en cherchant à dominer les pays européens, particulièrement la France. Dans une similitude frappante, la chancelière Angela Merkel cherche à régler ses problèmes intérieurs en imposant l'ordre économique et financier des conservateurs allemands à tout le reste de l'Europe [1]. » Sur le moment, beaucoup n'ont vu dans ces propos qu'une réponse politicienne à Jean-Luc Mélenchon qui a fait de l'antigermanisme une des antennes de son discours. Mais ces reproches ont dépassé le cadre politique hexagonal lorsque, dans son intervention télévisée du 28 mars 2013, François Hollande s'est prononcé en faveur d'une « tension amicale » avec Angela Merkel. « Amicale » peut-être, mais le mot « tension » n'était-il pas rayé du lexique politique franco-allemand depuis des décennies ? Depuis, tout se passe comme si les socialistes se sentaient libérés par la parole du président. Ou alors assiste-t-on à une opération concertée et secrète pour affaiblir la chancelière et l'obliger à atténuer la rigueur de ses positions à Bruxelles ? Le 26 avril 2013, dans une interview au *Monde*, le quatrième personnage de l'État, Claude Bartolone, président de l'Assemblée nationale, surenchérissait : « François Hollande appelle cela la "tension amicale". Pour moi, c'est la tension tout court et, s'il le faut, la confrontation. »

---

1. « Questions d'info », LCI-France Info-Le Monde-AFP, 30 novembre 2011.

Le Parti socialiste, qui a du mal à s'imposer comme parti gouvernant et dirigeant, a conforté les propos du président de l'Assemblée. Des fuites, publiées par *Le Figaro* dès le 27 avril 2013, ont révélé que pour sa prochaine convention sur l'Europe il préparait un texte très dur contre la politique d'austérité en Europe, un pamphlet contre la chancelière allemande en appelant à un « affrontement démocratique » : « Le projet communautaire est meurtri par une alliance de circonstance entre les accents thatchériens de l'actuel Premier ministre britannique et l'intransigeance égoïste de la chancelière Merkel. »

Celle-ci, déjà heurtée par les attaques et les caricatures fusant de toute l'Europe du Sud, n'apprécie guère les critiques venant de ses « amis » français. Cependant, la chancellerie de Berlin ne réagit pas officiellement aux piques françaises et s'en tient à sa ligne de conduite habituelle : on ne montre pas de désaccord avec la France en public. C'est le parti de la chancelière, la CDU, qui s'est chargé de répondre le 29 avril à travers un communiqué perfide du président du groupe d'amitié franco-allemand au Bundestag, Andreas Schockenhoff :

> Les attaques infondées des responsables socialistes français de haut rang contre la chancelière sont inhabituelles et inappropriées pour la relation franco-allemande. Elles montrent avant tout le désespoir dans lequel se trouvent les socialistes français du fait que, un an après leur arrivée au pouvoir, ils n'ont aucune réponse convaincante aux problèmes financiers et économiques de leur pays.

À Paris, même s'il n'est pas totalement étranger à l'opération, l'exécutif est contraint de corriger ces excès, sauf à prendre le risque d'une rupture avec l'Allemagne – ce qui serait un fort mauvais signal pour les milieux financiers internationaux et provoquerait *a minima* une hausse des taux d'intérêt de la dette française. François Hollande rappelait le 16 mai 2013 : « J'ai parlé de tension amicale avec l'Allemagne : il faut garder l'amitié, sinon ça casse. » Jean-Marc Ayrault, ancien professeur d'allemand, germanophile convaincu et médiateur idéal des crises entre les deux pays, a demandé que soient expurgés les passages les plus violents du texte du Parti socialiste et multiplié les propos apaisants avec ses ministres, dont Pierre Moscovici, qui a déclaré : « L'idée qu'il faudrait une confrontation avec l'Allemagne est fausse et totalement contre-productive [1]. »

La France n'a pas non plus abondé dans l'humilité ni la repentance. Si le climat s'est autant dégradé avec l'Allemagne et si des bouffées de germanophobie n'ont pu être évitées, la responsabilité en revient aussi à Angela Merkel et à sa manière arrogante de gérer la crise de la dette et de l'euro. Si elle peut imposer sa vision des choses, c'est que seul Berlin a vraiment les moyens financiers de venir au secours des États en faillite. Mais son ton paternaliste irrite, de même que sa personnalité de donneuse de leçons :

> Avec son côté fille de pasteur luthérien, précise l'intellectuel Jean-Louis Bourlanges, ancien député européen, elle rappelle que les hommes sont sur terre pour souffrir. Si les Grecs doivent payer cher les taux d'intérêt de leur dette et se priver pour cela, c'est qu'ils ont péché. L'excès de moralisme dans les relations internationales est

---

1. *Les Échos*, 20 avril 2013.

toujours dangereux. Il a failli cette fois emporter l'euro et l'Europe [1].

Les Allemands accusent souvent les Français d'inconséquence : « Si nous faisons de la Realpolitik, vous nous le reprochez ; si au contraire nous sommes pacifistes, vous nous le reprochez aussi. » Le point de vue est compréhensible, mais ce qui inquiète les Européens, c'est la tendance de l'Allemagne à imposer un modèle de gestion économique, le sien, qui serait l'unique voie possible. Certains Allemands en sont conscients, dont le sociologue Ulrich Beck, qui y voit là une nouvelle forme de nationalisme : « Dans le monde politique, les médias et l'opinion publique, une nouvelle fierté nationale, qui se construit autour de ses propres performances, se déploie », écrit Ulrich Beck dans un livre décapant, intitulé *Non à l'Europe allemande*. « On pourrait résumer cette nouvelle identité dans la formule : nous ne sommes pas les maîtres de l'Europe mais nous en sommes les mentors. Ce nationalisme du "nous-sommes-redevenus-importants-et-savons-de-quoi-il-retourne" est enraciné dans ce qu'on peut appeler "l'universalisme allemand [2]". »

Ce nouveau nationalisme germanique s'exprime souvent de façon vulgaire dans la presse ou le monde politique d'outre-Rhin. Ainsi l'hebdomadaire *Focus* afficha-t-il un jour en couverture la Vénus de Milo faisant un doigt d'honneur au monde entier. Ou le quotidien *Bild* proposa-t-il à la Grèce de céder à l'Allemagne l'île de Corfou, où résida longtemps l'impératrice Sissi. Même

---

1. Entretien avec l'auteur, 28 mai 2013.
2. Ulrich Beck, *Non à l'Europe allemande*, Paris, Autrement, 2013, p. 101.

les ministres s'en mêlent, telle celle du Travail Ursula von der Leyen qui feignait de ne pas comprendre l'indignation qu'ont provoquée en Espagne les propos qu'elle a tenus dans le *Spiegel*, quand elle qualifiait de « chance » pour l'Allemagne l'immigration de jeunes d'Europe du Sud venus chercher du travail : « Cela aide notre pays. Cela le rajeunit, le rend plus créatif et international[1]. » Comme si le rôle des pays du Sud était de fournir du sang neuf à l'Allemagne…

Cependant, même si l'Allemagne est une puissance hégémonique européenne, la république de Berlin reste une démocratie, avec les cordes de rappel que cela implique pour le pouvoir en place. Aussi rigide soit-elle, Angela Merkel ne peut rester sourde aux appels et aux mises en garde qui lui arrivent de tous côtés. Au début de l'été 2013, la chancelière a accepté d'assouplir sa gestion économique interne et sa politique européenne. Après avoir dit non à Paris et Washington, qui souhaitaient aider la consommation pour favoriser leurs exportations, elle a promis – si elle était élue aux élections du 22 septembre – d'établir un salaire minimum dans chaque branche, d'augmenter les allocations familiales et d'offrir un complément retraite à certaines mères de famille. Après s'être opposée à la coordination des politiques des pays de la zone euro, elle s'est ralliée à l'idée d'un gouvernement économique mené par un président à plein-temps. Enfin, après avoir longtemps battu froid le socialiste François Hollande, trop laxiste à ses yeux, et flatté le conservateur britannique David Cameron, elle cherche à réchauffer les relations avec la France.

---

1. *Der Spiegel*, 24 février 2013.

Pourquoi ce revirement ? Il serait vain de tenter d'en hiérarchiser les motifs et de distinguer ce qui relève de la tactique et de la stratégie tant les préoccupations préélectorales et les objectifs à long terme interfèrent. Les pressions extérieures ont joué, notamment celles des deux partenaires historiques de la nouvelle Allemagne, les États-Unis et la France. Les intérêts de l'économie du pays ont pesé : sauf à vivre sous domination militaire, un pays ne peut être prospère seul dans une économie ouverte. L'Allemagne, qui réalise près de 60 % de ses ventes dans l'Union européenne, ne peut se permettre de laisser ses partenaires sombrer dans la récession, quelle que soit son envie de les punir pour leurs péchés. Enfin, Berlin a peut-être pris conscience des responsabilités qu'implique tout leadership.

Car jusqu'ici, l'Allemagne, au-delà des crises de la dette et de l'euro, a exercé un leadership égoïste. À l'inverse, par exemple, de celui que les Américains ont pratiqué au lendemain de la guerre, proposant le plan Marshall, dont le principe était de redistribuer une partie des excédents accumulés. C'est l'un des nœuds gordiens de l'Europe et l'une des sources de la germanophobie des pays du Sud : l'Allemagne, malgré ses excédents considérables, refuse de jouer le rôle de locomotive de la croissance européenne. Il est vrai que sa démographie déclinante est un frein à sa propre croissance, mais pourquoi ne pas favoriser celle des voisins en y investissant ? Recycler ses excédents dans les pays qui sont ses clients ne serait-il pas dans l'ordre des choses ? Pendant la crise grecque, la presse allemande a abondamment dénoncé la gabegie budgétaire grecque en révélant des exemples de gaspillage criants, tel l'achat de six sous-marins pour la somme de trois milliards d'euros. A-t-on suffisamment souligné que l'essentiel de cette commande était allé aux chantiers navals allemands ?

Berlin pense avant tout à l'Allemagne. Angela Merkel a ainsi bloqué à l'automne 2012 la fusion entre EADS et l'anglais BAE, qui aurait donné le jour à une immense entreprise aéronautique civile et militaire faisant la part belle aux Français et aux Britanniques. Berlin est pour l'Europe, mais pour une Europe allemande. Il est hors de question d'accorder à ses partenaires un avantage dans un domaine, l'électricité, par exemple : en 2011, Berlin a décidé, de façon totalement unilatérale, de sortir progressivement du nucléaire et de recourir de plus en plus aux énergies alternatives. Cette conversion devait, dans un premier temps au moins, augmenter sensiblement le coût de l'électricité, permettant aux entreprises françaises de bénéficier d'une électricité meilleur marché. Le déséquilibre était inadmissible aux yeux de Berlin, qui a décidé de subventionner le courant fourni aux entreprises allemandes au détriment des particuliers. C'était autant de moins pour leur pouvoir d'achat et leurs achats de produits importés. Ces exemples relèvent d'actions volontaristes de l'État, non du jeu normal de la concurrence.

C'est le cas également du dumping social induit par la politique des revenus mise en place par les réformes de Gerhard Schröder en 2003. Certes, Angela Merkel a promis la création d'un salaire minimum, mais celui-ci devant être négocié par branche, il ne réglera en rien la distorsion de concurrence provoquée par ces centaines de milliers de « mini-jobs », contrats à temps partiel exonérés d'impôt jusqu'à quinze heures par semaine et de charges sociales jusqu'à quatre cents euros par mois. Les services et l'agriculture allemandes en bénéficient largement, mais le système est fatal pour les exportations de l'agriculture française. L'Allemagne cumule les avantages, en principe contradictoires, d'une économie offrant les produits techniquement les plus avancés et versant des salaires dignes de pays émergents dans de nombreux secteurs.

Du rattrapage au décrochage

« Mais que veut l'Allemagne en Europe ? » s'est interrogé un jour Nicolas Barré dans l'éditorial des *Échos* [1]. La réponse est sous nos yeux : le leadership. Pour ne pas dire la direction (*die Führung*) de l'Europe, jouant plus sur la pression que sur l'influence, et pensant davantage à l'intérêt de l'Allemagne qu'à celui de l'ensemble de la zone. Les gouvernants français semblent avoir abandonné l'espoir du rattrapage pour se résigner au décrochage. Les dirigeants allemands, eux, ont abandonné la suprématie discrète, voire honteuse, pour adopter un rôle de direction peut-être involontaire mais de plus en plus conscient et assumé. Au temps de la réunification, ils promettaient la naissance d'une Allemagne européenne. C'est une variante inattendue qui s'offre aujourd'hui à nos yeux : une Allemagne européenne au sein d'une Europe allemande [2].

Le décrochage français, qui n'a de sens que par rapport à l'Allemagne, ne fait plus débat dans les médias

---

1. *Les Échos*, 11 octobre 2012.
2. Ulrich Beck, *Non à l'Europe allemande, op. cit.*, p. 22.

des deux pays. Pour le courant décliniste français, c'est un fait acquis depuis de nombreuses années, et il n'y a plus que Jean-Pierre Raffarin pour croire encore à la possibilité d'une fédération des deux pays. Conviction d'ailleurs surprenante lorsque l'on sait que c'est sous la présidence de Jacques Chirac et le gouvernement Raffarin que la France a accéléré ce mouvement de décrochage. Quant aux Allemands, un titre du quotidien économique *Handelsblatt* suffit à dépeindre ce qu'il est advenu de la « Grande Nation » de la Révolution et de l'Empire : « La très petite Grande Nation. » Les Allemands ont toujours pensé que la France était entrée par effraction dans le club des grandes puissances en 1945. Ils sont aujourd'hui convaincus qu'elle n'appartient même plus au peloton de tête des puissances moyennes et se fondent sur deux données pour le prouver : en 2012, le déficit public français, qui indique à quel point l'État et les systèmes sociaux vivent au-dessus de leurs moyens, a atteint 4,8 % de son produit intérieur brut, alors que l'Allemagne connaissait un excédent de 0,2 %. Le différentiel est vertigineux en ce qui concerne la balance commerciale, qui indique de combien le pays vit ou non au-dessus de ses moyens : la même année, la France subissait un déficit de 81,5 milliards d'euros, alors que sa voisine avait 186,7 milliards d'excédent.

Il est rare qu'un État accepte de voir la diminution de sa puissance et de son influence officiellement entérinée. C'est pourtant ce qu'a commencé à faire le président Chirac lors du sommet européen de Nice en décembre 2000 lorsqu'il a abandonné le principe de la parité des voix au sein du Conseil européen. Cette parité avait toujours été un des fondements de la

construction européenne. « Le symbole est majeur :
c'en est fini de l'égalité fondatrice du couple franco-
allemand, pilier de la construction européenne depuis
la déclaration Schuman du 9 mai 1950 [1] », écrivait
Arnaud Leparmentier. Peu après, l'Allemagne a totalement obtenu gain de cause avec le traité de Lisbonne,
qui lui octroie 18 % des voix au Conseil, contre 13 %
pour la France ; et en 2012, elle a demandé une révision en sa faveur des règles de vote au sein du futur
Conseil de supervision des banques de la zone euro.
« Stupéfiant : personne en France n'a débattu de ce
changement radical de poids relatif, de cette fin de la
parité France-Allemagne, pourtant constitutive des institutions européennes depuis le traité de Rome […].
Peut-être fallait-il l'accepter. Peut-être pas », s'est indi-
gné Hubert Védrine, ancien ministre des Affaires étrangères qui avait lutté contre la dégradation du statut de
la France à Nice [2].

Dans un tel climat, il n'est pas étonnant de constater
l'usure, voire la disparition de celui que l'on nommait
le couple franco-allemand, expression qui impliquait
des relations exclusives, presque sentimentales. Jérôme
Vaillant, universitaire et directeur de la revue *Allemagne
d'aujourd'hui*, le notait : « La notion de couple franco-
allemand est de plus en plus remise en cause. On pré-
fère maintenant celles de duo ou de tandem, moins
chargées d'affectivité. De toute manière, les Allemands
accordent moins de poids que les Français à la relation

---

1. Arnaud Leparmentier, *Ces Français fossoyeurs de l'euro*, Paris,
Plon, 2013, p. 64.
2. Hubert Védrine, *Continuer l'histoire*, Paris, Fayard, 2007,
p. 105.

entre les deux pays. Ce n'est plus pour eux l'alpha et l'oméga de la politique européenne [1]. »

Les célébrations de janvier 2013 rappelant le cinquantième anniversaire du traité de l'Élysée relevaient des rites fanés d'une religion d'État : « Paris-Berlin, la noce d'or [2] », titrait *Libération* avec humour et justesse. François Hollande qui, pendant la campagne de l'élection présidentielle, avait déclaré qu'il proposerait à la chancelière « l'élaboration d'un nouveau traité franco-allemand » à cette occasion, n'a pas dit mot de cette promesse. D'ailleurs, qu'inclure dans un tel accord ? Berlin l'aurait-elle accepté ? Le traité actuel instaure des rencontres obligatoires à plusieurs niveaux et impose un cadre qui peut être utile en cas de tensions entre les deux pays. Quel gouvernement oserait le dénoncer, jetant aux orties le symbole de la réconciliation ?

CECA, OTAN, Union européenne, clauses militaires limitatives du Traité « quatre + deux », Union monétaire européenne : les partenaires de l'Allemagne n'ont eu de cesse d'enserrer celle-ci dans un maillage d'alliances et d'obligations depuis la guerre. Le traité de l'Élysée est un de ces maillons destinés à contrecarrer toute stratégie égocentrée.

La tentation du cavalier seul

Que l'Allemagne s'affirme comme puissance, ce n'est là qu'une normalisation, et la France est mal placée pour le lui reprocher. Ce qui semble plus inquiétant

---

1. Entretien avec l'auteur, 16 mai 2013.
2. *Libération*, 22 janvier 2013.

est ce que nous pourrions appeler, pour parodier Robbe-Grillet, le glissement progressif de la suprématie. Glissement qui, s'il se confirme, pourrait devenir le meilleur terreau d'une recrudescence de germanophobie en Europe et, qui sait, aux États-Unis. La France est souvent jugée frivole, mais sa stratégie d'État ne varie guère : depuis plus de soixante ans, elle confirme son choix de l'Europe et de l'alliance allemande. Au contraire, l'Allemagne semble adapter ses choix, changer de convictions et oublier ses déclarations, comme le montrent quatre exemples.

En 1987, Kohl reçut en visite officielle le patron de l'Allemagne de l'Est, Erich Honecker. La gauche ouest-allemande laissait volontiers entendre que la division du pays devait être acceptée comme une conséquence de l'hitlérisme. Or, le mur de Berlin à peine ouvert, le chancelier a tout fait pour ne pas laisser à la RDA la moindre chance de survie et imposer une réunification par absorption.

Le 19 décembre 1991, le gouvernement de Bonn annonça qu'il reconnaîtrait « avant Noël » la Slovénie et la Croatie, donnant ainsi le coup d'envoi du démantèlement de la Yougoslavie, née de la défaite austro-allemande de 1918 et des traités de Saint-Germain et de Trianon. Une jolie revanche sur Poincaré et Clemenceau et une inconvenance à l'égard de François Mitterrand. Celui-ci avait prévenu le président allemand en présence de l'auteur de ce livre : « Si certains pensent que le fin du fin du progrès humain et de l'évolution de l'humanité, c'est le retour à l'Europe des ethnies, à l'Europe des tribus, la France n'est pas de ceux-là. Une frontière administrative ne peut se muer comme cela en frontière internationale. Et il ne peut y avoir en Europe de frontières internationales sans l'accord de la France. » François Mitterrand, comme les autres chefs d'État européens, a surtout été choqué par la hâte et l'individualisme des Allemands qui avaient annoncé leur décision deux jours après un compromis européen fixant la procédure communautaire à suivre à l'égard des Balkans.

L'amitié avec les États-Unis est une donnée sacrée en Allemagne. Les Américains ont ravitaillé Berlin pendant le blocus imposé par les Russes en 1948-1949, ils ont protégé le pays du risque d'une invasion soviétique et ils ont été ses plus fidèles soutiens à l'heure de la réunification. Or, comment le chancelier Schröder a-t-il réagi quand George Bush fils a rassemblé une coalition pour la deuxième guerre d'Irak ? Il a rejoint Jacques Chirac et refusé de s'engager dans ce conflit. Mais ce front du refus reposait sur un malentendu : le président français suivait une ligne antiaméricaine traditionnelle chez les gaullistes, tandis que le chancelier allemand entendait flatter les Verts, pacifistes, et les Russes. Aussi ce front a-t-il peu duré : en mars 2011, la France est partie en guerre contre Kadhafi en compagnie des Anglais et des Américains agissant sous mandat de l'ONU alors que l'Allemagne a refusé de se joindre à eux. Un an plus tard, quand la France est intervenue au Mali contre les milices islamistes, Berlin n'a accordé qu'un faible soutien matériel, plus faible que celui de la Belgique.

L'évolution de l'Allemagne la plus scrutée hors des frontières est celle de sa politique européenne. « L'Allemagne semble avoir perdu de son enthousiasme pour l'aventure européenne. La crise économique et financière de 2008 a été l'occasion d'une profonde rupture. Le primat de l'Europe dans la politique allemande est aujourd'hui dépassé [1] », affirme la sociologue allemande Ulrike Guérot. L'opinion suit le mouvement : en 2013, 41 % des Allemands envisagent l'Europe comme « notre avenir ». Ils étaient 53 % deux ans plus tôt. Après la guerre, la construction européenne était pour les Allemands un moyen de recouvrer peu à peu leur souveraineté. Mais une fois ce but atteint, l'Allemagne est-elle toujours aussi européenne ? Déjà, elle ne parle plus que d'États-Unis d'Europe, et Angela Merkel glisse peu à peu vers une Europe contrôlée par les États.

Où s'arrêtera cette mue ? L'Allemagne réunifiée est libre, et libre de mener la politique extérieure qu'elle souhaite. Dans un sens hégémonique, c'est évident. Même si, contrairement au passé, l'Allemagne est une démocratie où les mises en garde intérieures ne manquent pas.

Dès 1999, Helmut Kohl appelait son successeur à la chancellerie Gerhard Schröder à la modestie : « Inutile de répéter que nous sommes forts et que nous sommes le numéro un. Nos partenaires européens le savent déjà. » En 2011, c'est Helmut Schmidt qui avertissait la chancelière : « Quand serons-nous enfin un pays normal ? À l'horizon prévisible, l'Allemagne ne sera pas un pays normal. Chez presque tous nos voisins persiste une défiance latente vis-à-vis des Allemands, et ceci vraisemblablement pour encore de nombreuses générations [2]. » Les deux chanceliers appartenaient à des générations qui avaient fait ou connu la guerre, mais l'écologiste Joschka Fischer, né en 1948, ancien ministre des Affaires étrangères, était encore plus alar-

---

1. Ulrike Guérot et Jacqueline Hénard, *Que pense l'Allemagne ?*, Paris-Berlin, Paris-Berlin, 2013, p. 11.
2. Congrès du SPD, 4 décembre 2011.

miste quand il a tiré la sonnette dans une tribune du *Suddeutsche Zeitung* en juin 2012 :

> L'Allemagne s'est détruite elle-même, et avec elle l'Europe, deux fois au cours du XXᵉ siècle, mais elle a su convaincre l'Occident qu'elle avait tiré les leçons des erreurs passées [...]. Il serait à la fois tragique et ironique qu'une Allemagne unifiée provoque pour la troisième fois la ruine, par des moyens pacifiques et les meilleures intentions du monde, de l'ordre européen [1].

Tentatives de rapprochements culturels

Au-delà des divergences politiques et des déséquilibres économiques, c'est peut-être dans le domaine culturel et sociétal que les deux pays sont le plus éloignés. Car c'est là le terreau où prospèrent la germanophobie et, outre-Rhin, la gallophobie. Un demi-siècle d'amitié n'a pas permis d'amorcer la constitution d'une culture franco-allemande dépassant les valeurs communes à l'Occident, de plus en plus importées d'Amérique. Au contraire, on observe depuis quelques années une distanciation culturelle croissante entre les deux sociétés, une « indifférence amicale », une « absence de relation », selon le philosophe Peter Sloterdijk, intellectuel allemand souvent accusé, à cause de ses prises de position sur la sélection biologique, de défendre « un nietzschéisme de droite [2] ».

---

1. Cité par le site *WanSquare*, 5 mai 2012.
2. Alexandre Dupeyrix, « L'anthropologie spéculative de Peter Sloterdijk », *Allemagne d'aujourd'hui*, octobre-décembre 2012, nº 202.

Cet éloignement explique peut-être la controverse née autour de l'exposition de peinture intitulée « De l'Allemagne, 1800-1939 », organisée par le musée du Louvre au printemps 2013 et riche de deux cents œuvres. Voulue par François Hollande et Angela Merkel dans le cadre des festivités du cinquantenaire du traité de l'Élysée, l'exposition était destinée à rapprocher les deux pays, ouvrir une nouvelle fenêtre sur la richesse picturale allemande. Mais l'exposition à peine inaugurée, une vive polémique a éclaté outre-Rhin, menée par des journaux aussi importants que l'hebdomadaire de centre gauche *Die Zeit* et le quotidien conservateur *Frankfurter Allgemeine Zeitung*. Les deux journaux dénonçaient une image caricaturale de l'art allemand et une vision téléologique suivant laquelle le nazisme était la conclusion fatale de la culture et de l'histoire allemandes. « L'art allemand a-t-il toujours été programmé pour la catastrophe et la guerre ? Une exposition au Louvre sur les années 1800-1939 le suggère et déclenche un scandale politico-culturel », écrivait *Die Zeit*[1]. Le *Frankfurter Allgemeine Zeitung* renchérissait : « Les visiteurs ont l'impression que les Allemands, après une courte période de fascination pour l'Antique, se sont retirés dans leurs forêts. Là, ils auraient sombré sous une épaisse mousse verte, s'enfonçant dans les couleurs empoisonnées de la terre et de la moisissure. Ils seraient devenus fous vers 1900. Avant de renaître avec le national-socialisme[2]. » Le fond de la critique allemande était discutable mais, surtout, il relevait moins d'arguments esthétiques que d'un

---

1. *Die Zeit*, 4 avril 2013.
2. *Frankfurter Allgemeine Zeitung*, 6 avril 2013.

regard essentiellement politique. Et le contraste entre la virulence allemande et l'indifférence française était frappant, témoin d'une incompréhension sans âge.

Il est rare que des Allemands s'en prennent ainsi aux Français sur un sujet – les origines du nazisme – à propos duquel la plus grande retenue est de règle. Et avec des accents que le directeur du Louvre, Henri Loyrette, a qualifiés d'« ouvertement francophobes » dans une lettre de protestation envoyée au *Zeit*. Faut-il voir là l'un des premiers effets de ce que le philosophe Jürgen Habermas appelle la « redécouverte de l'État national allemand [1] » ? Les Allemands supportent de plus en plus mal de se voir donner des leçons par un étranger, surtout quand il est français. « Désespérer de l'être allemand, nous aimons autant le faire tranquillement et seuls », écrivait le quotidien berlinois *Tagesspiegel* dans un article intitulé « Germanophilie ou germanophobie [2] ».

La polémique, née d'une incompréhension entre les deux sociétés, est d'autant plus attristante que longtemps la culture fut l'un des domaines d'excellence de la réconciliation franco-allemande. C'est même le seul où l'occupation française de la fin des années 1940, par ailleurs si tatillonne, laissa de bons souvenirs outre-Rhin, grâce aux autorités cherchant à exporter la culture française, et surtout grâce à des passeurs créant des organismes destinés à rapprocher les ennemis héréditaires. En France, le Comité d'échanges français avec l'Allemagne nouvelle avait été créé en 1948 par

---

1. Ulrike Guérot et Jacqueline Hénard, *Que pense l'Allemagne ?, op. cit.*, p. 101.
2. *Tagesspiegel*, 14 avril 2013.

un groupe d'hommes politiques, d'écrivains, de journalistes et d'universitaires, dont Emmanuel Mounier et Alfred Grosser, pour nouer de nouveaux liens entre les deux pays au-delà de l'épisode tragique du nazisme. En 1945, le Bureau international de liaison et de documentation était fondé par le père jésuite Jean du Rivau, à partir de deux revues, *Dokumente*, destinée à informer les Allemands sur la France, et *Documents*, son alter ego. Les revues existent toujours mais, faute de moyens, les deux versions ont été fusionnées, nouveau signe des difficultés qu'il y a à entretenir l'ouverture d'esprit et la curiosité d'une rive à l'autre.

La littérature, le théâtre et le cinéma français connurent dans la décennie qui suivit la guerre un vif succès en Allemagne. Coupés de l'extérieur sous le régime nazi, les Allemands découvrirent les écrivains français, Saint-Exupéry, Henry de Montherlant, Albert Camus ou Jean-Paul Sartre. L'existentialisme passionnait. Husserl, Heidegger et Freud n'étaient-ils pas allemands ? Le théâtre de Jean-Paul Sartre provoqua un véritable engouement, pas uniquement parce que deux de ses pièces se passaient en Allemagne – *Les Séquestrés d'Altona*, dans un arrondissement de Hambourg, et *Le Diable et le Bon Dieu*, au XVIᵉ siècle, au temps de la guerre des Paysans. *Les Mouches* furent l'événement de la saison 1947-1948 outre-Rhin, tandis que l'année suivante Jean-Paul Sartre fut invité à faire un discours dans l'église Saint-Paul de Francfort, là où s'était réunie la première Assemblée nationale allemande en 1848.

Au cinéma, les films français éprouvaient quelques difficultés à être distribués à côté des films américains, mais cela n'empêchait pas un Volker Schlöndorff, réalisateur du *Tambour* et des *Désarrois de l'élève*

Törless, de revendiquer son goût pour les films noirs français incarnés par Jean Gabin et d'écrire que *Le Sang d'un poète*, de Cocteau, fut la « première révélation qu'il existait quelque chose comme un langage cinématographique [1] ». Dans son autobiographie, le réalisateur explique que sa décision d'aller suivre sa terminale en France était due à un « hasard », une annonce proposant aux élèves d'étudier en France. L'annonce, elle, émanait d'une association cherchant à favoriser les échanges culturels et intellectuels entre les deux pays. N'est-ce pas ce même Volker Schlöndorff qui, en 1984, sera le premier à oser adapter *Du côté de chez Swann*, chef-d'œuvre absolu de la littérature française ?

Le second élan donné aux relations culturelles était dû au traité de l'Élysée de 1963. Le germaniste Charles de Gaulle savait que, pour être durable, le rapprochement franco-allemand ne pouvait pas se limiter à des accords économiques ou politiques, mais devait s'appuyer sur une perception commune de la société et de la culture et combler le fossé que lui-même avait décrit dans son livre, *Vers l'armée de métier*, paru en 1934 : « L'opposition des tempéraments avive cette amertume. Ce n'est point que chacun méconnaisse la valeur de l'autre et ne se prenne à rêver aux grandes choses qu'on pourrait faire ensemble. Mais les réactions sont si différentes qu'elles tiennent les deux peuples en état constant de méfiance. » Président de la République, de Gaulle s'efforça d'amoindrir ces différences,

---

1. Volker Schlöndorff, *Tambour battant*, trad. de l'allemand par Jeanne Étoré et Bernard Lortholary, Paris, Flammarion, 2009, p. 35.

et les années 1960 apparaissent, avec le recul du temps, comme l'âge d'or des relations culturelles entre les deux pays. Le nombre des élèves apprenant la langue de l'autre fut en nette progression, suivant le vœu du général de Gaulle qui souhaitait que l'allemand se substitue à l'anglais. Le traité de l'Élysée prévoyait en effet que « les deux gouvernements s'efforcent de prendre des mesures concrètes » pour promouvoir le double apprentissage des langues. Outre-Rhin, cet apprentissage fut plus variable, l'éducation relevant de la compétence des Länder. Inversement, l'Office franco-allemand pour la jeunesse créé par le traité de l'Élysée, financé directement par les deux gouvernements, fut une réussite : il organisa au total près de huit millions de séjours d'échanges de jeunes Français et Allemands.

Encouragés, parfois soutenus par les pouvoirs publics, les acteurs de la vie sociale multipliaient les initiatives, tels les jumelages entre villes françaises et villes allemandes, qui furent particulièrement nombreux en 1963. Il n'est pas de grande politique commune sans une idéologie commune : celle qui sous-tendait ces actions était l'idéologie de la réconciliation. Soit qu'elle ait trop bien réussi, soit qu'elle ne réponde plus à la sensibilité actuelle, cette idéologie est moins féconde aujourd'hui. Le philologue et philosophe allemand Heinz Wismann, directeur d'études à l'École des hautes études en sciences sociales à Paris, est l'un des principaux passeurs actuels entre les deux cultures. Il observe la fin de « l'idylle » entre la France et l'Allemagne. Pour la plupart des Allemands, la France est désormais un pays comme les autres : « C'est surtout vrai pour les jeunes. Car, à la différence de ce qu'ont vécu les générations précédentes, l'Allemagne d'aujourd'hui, s'identifiant à l'essor de son économie, cherche ses partenaires dans le monde entier [1]. » Quant aux jeunes Français, ils sont davantage attirés par le monde anglo-saxon, la Grande-Bretagne et les États-Unis. Les parents le savent : il est plus facile de convaincre un enfant d'aller faire un stage linguistique en Angleterre qu'à Hanovre ou en Bavière. Les Français, notamment les jeunes, supportent mal le conformisme, le goût de l'ordre et le sens de l'obéissance des Allemands qui, écrit Mme de Staël, « exécutent les ordres comme s'il s'agissait d'un devoir ». Mais les Français ne sont pas les seuls étrangers à s'acclimater difficilement outre-Rhin : en 2012, près d'un million d'étrangers ont immigré en Allemagne, mais, dans le même temps, 712 000 ont officiellement quitté le pays pour retourner chez eux.

La France et l'Allemagne sont si dissemblables, leur sensibilité diverge tellement que leur rapprochement ne tient pas à un penchant naturel, mais à une action volontariste de la part des dirigeants. Si cette volonté ou si les moyens faiblissent, ces actions s'essoufflent. Ainsi des jumelages de villes dont la plupart sont aujourd'hui moribonds : seuls 400 à 600 sur 2 200 auraient encore une véritable activité. Il en va de même des centres culturels français en Allemagne, qui seraient presque tous fermés s'ils n'allaient demander des subventions aux Länder. Les seules institutions culturelles franco-allemandes qui sont aujourd'hui en bonne santé sont l'Office franco-allemand pour la jeunesse (l'Ofaj) et Arte, dont l'audience, vingt ans plus tard, demeure modeste mais de grande qualité (elle est de moins de

---

1. *Libération*, 5 avril 2013.

2 % en France et de 0,7 % en Allemagne). Arte est le dernier et le plus étonnant des enfants médiatiques de l'idéologie de la réconciliation. « Chaîne culturelle européenne », selon son appellation officielle, Arte, qui a commencé à émettre en mai 1992, offre, grâce à ses informations, ses documentaires et ses films, une approche unique sur les deux pays, les deux sociétés et les deux cultures. En 2012, le César du meilleur documentaire et le Lola (le César allemand) du meilleur documentaire et meilleur film ont été attribués à des coproductions de la chaîne.

Les secteurs soumis aux lois du marché se portent moins bien. La part de marché des films français outre-Rhin n'est que de 1 %, et de 0,2 % pour les films allemands en France. Dans l'édition, l'anglais est incontestablement la première langue traduite vers le français, avec près de 62 % des livres achetés en 2012. Soit 819 livres américains et 317 britanniques. Contre 75 venus d'Allemagne. Et encore, l'année avait été exceptionnellement bonne avec une progression de 42 % des achats par rapport à l'année précédente.

Pendant les années d'après-guerre, nous avons vu les deux cultures se lier. Aujourd'hui, il semble qu'elles s'éloignent à nouveau, que les relations politiques, économiques et culturelles se distendent. Au détriment des Français, qui ont de plus en plus peur que les Allemands ne leur prennent tout. Les domaines d'excellence sont menacés : les Allemands sont chaque année plus présents dans le secteur de la mode, privilège traditionnel de l'excellence française, et ils entrent en force dans la publicité. L'Observatoire des slogans publicitaires a remarqué ainsi « la renaissance de la langue allemande dans les signatures de marque ». Les slogans « *Das Auto VW* » ou « *Wir leben Autos* » (« Nous vivons auto ») d'Opel [1] sont, par exemple, apparus sur les murs ou les écrans de télévision de toute l'Europe. Dans le domaine architectural, même Paris semble avoir vieilli à côté de la ville de Berlin, magnifiquement reconstruite, et qui a retrouvé le statut de capitale cosmopolite qu'elle avait pendant les Années folles, attirant jeunes gens et artistes de toute l'Europe. Le directeur de cabinet du Premier ministre Jean-Marc Ayrault, Christophe Chantepy, y a acheté un pied-à-terre. Berlin est sans conteste le must architectural de ce début de XXIe siècle.

Dangereuses logiques

Ces déséquilibres renaissants entre les deux nations sœurs, filles de l'Empire carolingien, peuvent avoir de graves conséquences politiques et psychologiques s'ils s'accentuent ou s'ils ne sont pas neutralisés et comme absorbés par l'Europe. Ici, ils risquent de faire renaître la peur ancestrale des Français et d'aiguillonner leur germanophobie, indexée au sentiment de la supériorité allemande comme la xénophobie l'est à la crise et à la peur du déclassement social. Ils sont aussi pour une part à l'origine de la désaffection croissante des citoyens à l'égard de l'idée européenne. Jusque-là, les Français voyaient dans l'Europe une France en plus grand et en plus fort. Or, de plus en plus, l'Europe devient une Europe à l'allemande, presque une Europe allemande.

---

1. *Les Échos*, 21 janvier 2013.

D'où l'émergence d'une peur française qui n'ose pas encore s'avouer vraiment mais qui est condamnée à s'accroître si l'Allemagne ne sait pas partager son leadership et si la France elle-même ne redouble pas d'efforts pour corriger le décrochage en cours entre les deux pays.

De l'autre côté du Rhin, les retrouvailles avec la puissance peuvent redonner naissance à un dangereux sentiment de supériorité et réveiller d'inquiétants démons dans un pays qui, à deux reprises en moins d'un demi-siècle, s'est laissé fasciner et emporter par sa puissance, pour son malheur et celui de ses voisins. Est-ce faire preuve de germanophobie que de tenir de tels propos ? Non lorsque ce sont des Allemands eux-mêmes qui le font. Comme ce tag aperçu sur un mur de Rostock au lendemain de la réunification : « Chers étrangers, ne nous laissez pas seuls avec nous autres Allemands. » Ou comme, dès 1990, cet avertissement qu'inspira à l'écrivain Günter Grass la crainte des effets de cette *hubris* : « Nous devrions avoir conscience, nos voisins l'ont, de la masse de souffrance que cause l'État unitaire, de l'étendue du malheur qu'il a apporté aux autres et à nous-mêmes [...]. Auschwitz, ce lieu d'épouvante, cité comme exemple de traumatisme permanent, exclut à l'avenir un État unitaire allemand. Si, comme il reste à craindre, il s'impose quand même, son échec est écrit d'avance [1]. »

Propos d'écrivain qui a connu la guerre et qui est en retard d'une bataille ? Peut-être. Et beaucoup d'Allemands, tout à la joie de la réunification, l'interprétèrent

---

1. Discours prononcé à Tutzing le 1er février 1990, *Die Zeit*, 7 février 1990.

ainsi. Mais qui sait si sa connaissance intime de la société allemande et de sa culture ne permet pas à Grass de lire dans les lignes du temps et d'appréhender les logiques, voire les tentations propres à l'Allemagne ?

BIBLIOGRAPHIE SÉLECTIVE

Évidemment, la bibliographie d'un ouvrage portant sur l'histoire des rapports franco-allemands pourrait être quasi infinie. Aussi, parmi tous les livres consultés, ai-je choisi pour cette sélection ceux qui m'ont paru les plus significatifs du caractère tumultueux de la relation entre nos deux peuples, ou qui ont plus particulièrement axé leur réflexion sur les malentendus et clichés millénaires que nous venons d'évoquer. On a veillé à donner droit à toutes les voix, qu'elles proviennent d'hommes politiques, de diplomates, d'historiens, d'écrivains, de linguistes, d'économistes ou de journalistes.

Heinz Abosch, *L'Allemagne sans miracle, d'Hitler à Adenauer*, Paris, Julliard, 1960.
Claude Badalo-Dulong, *Trente Ans de diplomatie française en Allemagne*, Paris, Plon, 1956.
Jacques Bainville, *Histoire de trois générations, 1815-1918*, Paris, Nouvelle Librairie nationale, 1918.
Jacques Bainville, *L'Allemagne*, Paris, Plon, 1939.
Pierre Béhar, *Du Ier au IVe Reich*, Paris, Desjonquères, 1990.
Walter Benjamin, *Écrits français*, Paris, Gallimard, 1991.
Armand Bérard, *Un ambassadeur se souvient*, Paris, Plon, 1976, t. 1 et 2.

Jacques Binoche, *De Gaulle et les Allemands*, Bruxelles, Complexe, 1990.

Otto von Bismarck, *Lettres de Bismarck à sa femme, pendant la guerre de 1870*, trad. de l'allemand par Joseph Schroeder et Paul Bruck-Gilbert, Paris, Tallandier, 1903.

Otto von Bismarck, *Pensées et Souvenirs*, trad. de l'allemand par Joseph Rovan, Paris, Calmann-Lévy, 1984.

Otto von Bismarck, *Lettres politiques confidentielles*, trad. de l'allemand par E.-B. Lang, Paris, Ollendorf, 1885.

Joachim Bitterlich, *France-Allemagne mission impossible ?*, Paris, Albin Michel, 2005.

Henry Bogdan, *Histoire de l'Allemagne, de la Germanie à nos jours*, Paris, Perrin, 1999.

Yvonne Bollmann, *La Tentation allemande*, Paris, Michalon, 1998.

Carlrichard Brühl, *Naissance de deux peuples*, trad. de l'allemand par Gaston Duchet-Suchaux, Paris, Fayard, 1994.

Jean-Pierre Chevènement, *France-Allemagne. Parlons franc*, Paris, Plon, 1994.

Ernst-Robert Curtius, *Essai sur la France* [1930], trad. de l'allemand par Jacques Benoist-Méchin, Paris, Grasset, 1932.

Léon Daudet, *Hors du joug allemand*, Paris, Nouvelle Librairie nationale, 1915.

Léon Daudet, *Connaissance de l'Allemagne*, Paris, Points et Contrepoints, 1947.

Pierre Delmas, *De la prochaine guerre avec l'Allemagne*, Paris, Odile Jacob, 1999.

Claude Digeon, *La Crise allemande de la pensée française, 1870-1914*, Paris, PUF, 1959.

Louis Dumont, *Homo aequalis II : L'idéologie allemande, France-Allemagne et retour*, Paris, Gallimard, 1991.

Henri-Jean Duteil, *Riverains du même ruisseau, historiettes franco-allemandes*, Bonn, Inter Nationes, 1970.

Guillaume Duval, *Made in Germany, le modèle allemand au-delà des mythes*, Paris, Seuil, 2008.

Bibliographie sélective

Alfred Fabre-Luce, *La Victoire*, Paris, Gallimard, 1924.

Patrick J. Geary, *Quand les nations refont l'histoire, l'invention des origines médiévales de l'Europe*, trad. de l'anglais par Jean-Pierre Ricard, Paris, Aubier-Flammarion, 2004.

Jacques-Pierre Gougeon, *France-Allemagne : une union menacée ?*, Paris, Armand Colin, 2012.

Frédéric Grimm, *Le Testament politique de Richelieu*, Paris, Flammarion, 1941.

Jürgen Habermas, *La Constitution de l'Europe*, trad. de l'allemand par Christian Bouchindhomme, Paris, Gallimard, 2011.

Heinrich Heine, *De la France*, Paris, Cerf, 1896.

Heinrich Heine, *De l'Allemagne* [1855], Paris, Gallimard, 1979.

Marc Hillel, *L'Occupation française en Allemagne, 1945-1949*, Paris, Balland, 1983.

John Horne et Alan Kramer, *1914, les atrocités allemandes*, trad. de l'anglais par Hervé-Marie Benoît, Paris, Tallandier, 2001.

Louis Halphen, *Charlemagne et l'Empire carolingien*, Paris, Albin Michel, 1947.

Hugues Lagrange, *Le Déni des cultures*, Paris, Seuil, 2010.

Jacques Leenhardt et Robert Picht (éd.), *Au jardin des malentendus*, Arles, Actes Sud, 1992.

Anne-Marie Le Gloannec, *La Nation orpheline*, Paris, Calmann-Lévy, 1989.

Arnaud Leparmentier, *Ces Français fossoyeurs de l'euro*, Paris, Plon, 2013.

Emil Ludwig, *Histoire des Allemands*, Flammarion, 1941-1948, t. 1.

Pierre Maillard, *De Gaulle et l'Allemagne, le rêve inachevé*, Paris, Plon, 1990.

Thomas Mann, *Considérations d'un apolitique*, trad. de l'allemand par Jeanne Naujac et Louise Servicen, Paris, Grasset, 1975.

Robert Minder, *Allemagne et Allemands, essai d'histoire culturelle*, Paris, Seuil, 1948, t. 1.

François Mitterrand, *De l'Allemagne, de la France*, Paris, Odile Jacob, 1996.

Horst Möller et Jacques Morizet, *Allemagne-France, lieux et mémoires d'une histoire commune*, Paris, Albin Michel, 1995.

Bernard de Montferrand et Jean-Louis Thiériot, *France-Allemagne, l'heure de vérité*, Paris, Tallandier, 2011.

Françoise Nicolas et Hans Stark, *L'Allemagne, une nouvelle hégémonie ?*, Paris, Dunod, 1992.

Thomas Nipperdey, *Réflexions sur l'histoire allemande*, Paris, Gallimard, 1992.

Peter Reichel, *L'Allemagne et sa mémoire*, Paris, Odile Jacob, 1998.

Pierre Riché, *Les Carolingiens, une famille qui fit l'Europe*, Paris, Hachette, 1983.

Jacques Rivière, *L'Allemand, souvenirs et réflexions d'un prisonnier de guerre*, Paris, Gallimard, 1919.

Wilhem Röpke, *Explication de l'Allemagne*, trad. de l'allemand par Henri de Ziegler, Genève, À l'enseigne du cheval ailé, 1945.

Brigitte Sauzay, *Retour à Berlin,* Paris, Plon, 1998.

Georges-Henri Soutou, *L'Alliance incertaine, les rapports politico-stratégiques franco-allemands, 1954-1996*, Paris, Fayard, 1996.

Fritz Stern, *Rêves et illusions, le drame de l'histoire allemande*, trad. de l'anglais par Jeanne Étoré, Paris, Albin Michel, 1989.

Jörg von Uthmann, *Le diable est-il allemand ? 200 ans de préjugés franco-allemands*, trad. de l'allemand par Anne Gaudu, Paris, Denoël, 1984.

Jérôme Vaillant, *La Dénazification par les vainqueurs, la politique culturelle des occupants en Allemagne, 1945-1949*, Lille, Presses universitaires de Lille, 1981.

Bibliographie sélective

Georges Valance, *France-Allemagne, le retour de Bismarck*, Paris, Flammarion, 1990.

Hubert Védrine, *Continuer l'histoire*, Paris, Fayard, 2007.

Edmond Vermeil, *L'Allemagne, essai d'explication* [1939], Paris, Gallimard, 1945.

Pierre Viénot, *Incertitudes allemandes*, Paris, Librairie Valois, 1931.

Alfred Wahl, *Cultures et mentalités en Allemagne, 1918-1960*, Paris, SEDES, 1988.

Ernst Weisenfeld, *Quelle Allemagne pour la France ? La politique étrangère française et l'unité allemande depuis 1944*, trad. de l'allemand par Jeanne Étoré, Paris, Armand Colin, 1989.

Karl Ferdinand Werner, *Histoire de France*, t. 1, *Les Origines* [1984], Paris, Le Livre de poche, 1995.

Heinz Wismann, *Penser entre les langues*, Paris, Albin Michel, 2012.

Remerciements

Mes remerciements vont à toutes les personnalités françaises et allemandes qui ont bien voulu me recevoir. Ma gratitude va particulièrement à tous ceux sans qui ce livre n'aurait pas vu le jour. À Sophie Berlin, mon éditrice, directrice du département des Sciences humaines, qui en a la première eu l'idée. À Cécile Dutheil de La Rochère qui en a suivi la réalisation et l'écriture avec un coup d'œil aguerri et exigeant. À Luc Passion, conservateur en chef à la Bibliothèque administrative de la ville de Paris, et à Jérôme Vaillant, germaniste, professeur d'université et directeur de la revue *Allemagne d'aujourd'hui*, qui m'ont aidé dans mes recherches documentaires.

TABLE

Composition et mise en page

NORD COMPO
m u l t i m é d i a

CET OUVRAGE
A ÉTÉ ACHEVÉ D'IMPRIMER
SUR ROTO-PAGE
PAR L'IMPRIMERIE FLOCH
À MAYENNE EN AOÛT 2013

N° d'édition : L.01EHBN000617.N001. N° d'impression : 85310
Dépôt légal : septembre 2013
(Imprimé en France)